# LIBRO DE MANIFESTACIÓN PARA BRUJOS Y BRUJAS

Título original: The Witch's Guide to Manifestation: Witchcraft for the Life You Want
Traducido del inglés por Francesc Prims Terradas
Diseño de interior y portada: Patricia Fabricant
Maquetación: Toñi F. Castellón

©   de la edición original
    2021 de Rockridge Press, Emeryville, California

©   de las ilustraciones
    2021 Tara O'Brien

Fotografía del autor cortesía de Olivia Graves
Publicado inicialmente en inglés por Rockridge Press, un sello de Callisto Media, Inc.

©   de la presente edición
    **EDITORIAL SIRIO, S.A.**
    C/ Rosa de los Vientos, 64
    Pol. Ind. El Viso
    29006-Málaga
    España

www.editorialsirio.com
sirio@editorialsirio.com

I.S.B.N.: 978-84-19685-38-4
Depósito Legal: MA-1190-2023

Impreso en Imagraf Impresores, S. A.
c/ Nabucco, 14 D - Pol. Alameda
29006 - Málaga

Impreso en España

Puedes seguirnos en Facebook, Twitter, YouTube e Instagram.

 El papel utilizado para la impresión de este libro está **libre de cloro** elemental (ECF) y su procedencia está certificada por una entidad independiente, no gubernamental, que promueve la sostenibilidad de los bosques.

# LIBRO DE
## MANIFESTACIÓN
## PARA BRUJOS y BRUJAS

### USA LA MAGIA PARA
### CONSEGUIR LO
### QUE DESEAS

Mystic Dylan

ILUSTRACIONES DE TARA O'BRIEN

EDITORIAL
SIRIO

A los recién llegados al camino de la brujería
y a los que vinieron antes de nosotros. A mis
padres, mi abuela, mis mentoras y mis amigos
incondicionales, que me han apoyado y animado.

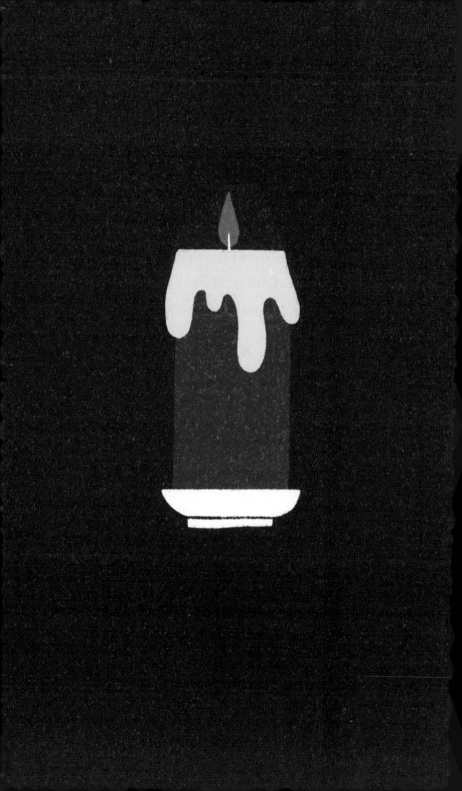

# ÍNDICE

INTRODUCCIÓN 10

**CAPÍTULO 1**

## Sobre la magia y la manifestación 13

**CAPÍTULO 2**

## ¿Dónde empieza la magia? 31

**CAPÍTULO 3**

## La práctica de la manifestación 43

**CAPÍTULO 4**

## Métodos de manifestación 65

**CAPÍTULO 5**

## Cuestiones a tener en cuenta al hacer magia 89

**CAPÍTULO 6**

## Hechizos y rituales prácticos para manifestar 123

**CAPÍTULO 7**

## Haz tuyas tus manifestaciones 167

TABLAS DE CORRESPONDENCIAS 177

GLOSARIO 184

RECURSOS 188

REFERENCIAS 191

ÍNDICE TEMÁTICO 192

ÍNDICE DE HECHIZOS Y RITUALES 196

# INTRODUCCIÓN

Es probable que te hayas topado con este libro por una razón. Incluso me atrevería a decir que lo has manifestado de alguna manera. «¿De qué manera?», te estarás preguntando. Abordaremos esta cuestión un poco más adelante. En estos momentos tienes entre las manos un libro de magia, una llave con la que podrás acceder a tus poderes y obtener todo lo que quieras. Considera que esta obra es una guía que te conducirá a liberar tu poder.

Seas consciente de ello o no, estás manifestando todo el tiempo. ¿En alguna ocasión has manifestado un deseo al ver una estrella fugaz? ¿O has echado una moneda a una fuente a la vez que formulabas un deseo? Incluso si no crees haber lanzado nunca un hechizo o practicado magia, lo cierto es que algunos escenarios son ejemplos de magia popular. Pensar un deseo y soplar la vela de un pastel de cumpleaños es otra costumbre habitual que, en efecto, constituye un tipo de magia. Además de lo mágico que es el acto en sí, el origen de la tradición también es mágico. Comenzó con los antiguos griegos, que hacían unos pastelitos dedicados a Artemisa, la diosa de la luna. Estos pastelitos eran iluminados con velas, y se decían oraciones y se formulaban peticiones en el momento de soplarlas, para que el humo pudiese llevar los deseos a la diosa. Apuesto, entonces, que has lanzado uno o dos hechizos en el curso de tu vida.

Mi primer contacto con la magia empezó en una etapa bastante temprana de mi infancia. Recuerdo que, sentado en el patio trasero de mi abuela, en Florida, miraba el muelle mientras percibía el zumbido y las vibraciones de otro reino. Si entrecerraba los ojos lo suficiente, juro que podía ver hadas revoloteando alrededor del árbol alto que ahí había, un ejemplar de uva de playa. Siempre jugaba solo, pero hablaba con amigos que eran invisibles para todo el mundo menos para mí. Mis abuelos alentaron mi amor por la mitología, al igual que mis padres, quienes me leían cuentos de reinos ocultos, dioses y diosas feroces y brujas que podían hacer que la luna se acercase al susurrar un canto.

Un buen día, mi madre me llevó a una tienda de Los Ángeles llamada Panpipes (también conocida como Pan's Apothika, 'botica de Pan'), donde conocí a una verdadera bruja por primera vez. La propietaria, Vicky, cambió para siempre el curso de mi vida. Cuando la vi hacer una vela y eché un vistazo por la tienda, supe que nada volvería a ser igual. A partir de ese día, leí todos los libros sobre brujería que pude conseguir. Tras años de estudio y práctica solitaria, me iniciaron en un encuentro de brujos y brujas, y participé en varios otros posteriormente.

En la actualidad practico lo que se llama brujería tradicional, que se basa en gran medida en lo que revelan los registros históricos de juicios a brujas, así como en el folclore y la magia popular. También incorporo elementos de mi herencia en mi práctica para honrar a mis antepasados cubanos, irlandeses, alemanes, franceses y nativos americanos. Los espíritus y deidades con los que trabajo se sincronizan entre sí y se me revelan en sueños y presagios.

En este libro descubrirás qué es la manifestación, cómo lograrla y cómo usarla junto con hechizos, rituales y otras prácticas mágicas. Encontrarás tablas de correspondencias e indicaciones que te ayudarán en tu actividad como brujo o bruja; incluso te orientarán en el diseño y la creación de tus propios hechizos. Entremos pues en materia y hagamos algo de magia.

# CAPÍTULO 1

# Sobre la magia y la manifestación

*De hecho, la magia está a nuestro alrededor: en las piedras, las flores, las estrellas, el viento del amanecer y la nube del atardecer. Todo lo que necesitamos es la capacidad de ver y comprender.*

DOREEN VALIENTE

Magia. La palabra en sí estimula los sentidos y vibra con energía. Muchas personas la han definido de muchas maneras diferentes a lo largo de los siglos. Pero no es solo una palabra, sino también un hechizo, un regalo y un espíritu primordial que existe desde el principio de los tiempos. En estas páginas verás cómo establecer una relación con la manifestación y la magia, dos conceptos arcanos que no tardarás en aprender a utilizar en tu propio beneficio.

¿Qué es la magia? ¿Qué es la manifestación? ¿y de qué maneras son esenciales en tu práctica y para que tus deseos se hagan realidad? Para responder estas preguntas, primero debemos retroceder unos cuantos milenios, a cuando los humanos, los dioses y la naturaleza establecieron su primer pacto. En este capítulo no solo aprenderás la definición de magia, sino también la historia de esta y de qué manera está conectada con la manifestación.

## ¿Qué es la magia?

En términos simples, la magia es una fuerza del universo que se emplea para manipular la energía y la naturaleza. La magia en sí procede de la naturaleza y, como esta, no es buena ni mala. La magia existe desde los albores de la creación. El afán de manipularla, también. Cuando se utiliza bien, la magia puede ayudarnos a obtener lo que queremos. Podemos emplearla para erradicar obstáculos, para que nos ayude a conseguir que nos asciendan en el trabajo, para fortalecer la relación que tenemos con nuestra pareja y para atraer nuevos amigos y oportunidades financieras. La magia no puede hacernos levitar, resucitar a los muertos ni obligar a alguien a que nos ame. La magia está destinada a ser utilizada *junto con* la acción en el mundo, no *en lugar de* ella. Por ejemplo, si quieres usar la magia para conseguir un empleo, también tienes que responder a las ofertas de trabajo; la magia no te traerá el empleo de la nada.

En cuanto a la brujería, es la práctica y el uso de la magia; nada más. A pesar de lo que muchos suponen, la brujería no es una religión; es una práctica que la persona puede integrar, o no, a su conjunto de creencias religiosas o espirituales.

Hoy en día, el término *brujería* suele emplearse como sinónimo de *wicca*, una religión neopagana que surgió en Inglaterra en el siglo XX y que Gerald Gardner dio a conocer en 1954. Pero la realidad es que no todos los brujos y brujas profesan esta religión. La brujería que practico, y a la que están dedicadas estas páginas, no debe confundirse con la religión *wicca*; es más afín a la brujería tradicional y la magia popular.

La brujería es el uso de la magia para conseguir un resultado deseado. La magia es una fuerza neutra y la brujería es una práctica neutra. Esto significa que la brujería, como la magia, no es ni «buena» ni «mala». Como cualquier otra herramienta, la brujería puede emplearse con malicia o bien con fines sanadores. El carácter del acto de brujería depende totalmente de la motivación de la persona que lo ejecuta. Por esta razón, es esencial que tengas claro cuáles son tus intenciones cuando lances un hechizo. También es importante que, en relación con la brujería, prescindas de las denominaciones *magia negra* y *magia blanca*, además de la idea del «bien» y el «mal». Estas denominaciones tienen connotaciones raciales y estigmatizantes, y no tienen que ver con la verdadera práctica de la brujería.

Cualquier persona puede ser un brujo o una bruja y practicar la brujería y la magia. No hay que formar parte de ningún linaje en particular, si bien encontraríamos que todos nosotros tenemos ancestros paganos que practicaban algún tipo de magia popular, si nos remontásemos lo suficiente en el tiempo. La brujería está abierta a todos independientemente de cuál sea la raza o la etnia a la que pertenezcamos, la religión que profesemos, las capacidades que tengamos, nuestra orientación sexual o nuestra identidad de género. Ahora bien, en la brujería no caben el racismo, el patriarcalismo, la homofobia, la transfobia, la xenofobia o el capacitismo (los prejuicios hacia las personas que tienen discapacidades), ya que estas actitudes y mentalidades atentan contra el orden natural de unidad e igualdad que suscriben tanto la brujería como la magia.

Los brujos y brujas y quienes practican la magia de otras maneras operan con energías de la naturaleza. Algunos trabajamos con deidades y otros no. La brujería es una práctica seglar y, por lo tanto, no está sujeta a ningún principio religioso o dogmático. Hace milenios que la magia y la brujería se practican en todo el mundo, y no todos los brujos y brujas abrazan la misma corriente de pensamiento. La cultura, el ámbito geográfico, la historia y las preferencias personales modelan aspectos diferentes de la práctica. Por ejemplo, si sientes una gran conexión con las plantas, podrías identificarte con el trabajo con hierbas y la magia de la naturaleza.

# Historia y uso de la manifestación mágica

La magia fue concebida cuando el hombre encendió la primera chispa que dio lugar a una llama. La magia estaba ahí cuando los antiguos egipcios usaban la corteza de sauce para aliviar el dolor hacia el año 1500 a. C. La magia está presente cuando un niño llega al mundo sin complicaciones.

La magia es casi lo mismo que la manifestación. La fuerza del deseo humano y la capacidad aparentemente «milagrosa» de hacer realidad lo anhelado fue el origen de ambos conceptos. En la actualidad, probablemente estemos más familiarizados con la denominación *ley de la atracción*, si bien hay que tener en cuenta que este concepto no se definió totalmente hasta el siglo XIX. La manifestación forma parte de muchas prácticas antiguas y filosofías orientales. Aunque no se la llamaba así en la antigüedad, hay abundantes referencias a ella en manuscritos budistas y en los primeros textos cristianos.

El sistema de creencias imbuido actualmente en la magia tal como se la entiende en la cultura occidental, así como su práctica, provienen fundamentalmente de las fes y religiones kemética (del antiguo Egipto), grecorromana, celta y judeocristiana.

La palabra *magia* (*mageia* en griego, *magia* en latín) tiene su origen en el vocablo del griego antiguo *magoi*, que hacía referencia a una tribu meda de Persia y su religión, el zoroastrismo. En la era grecorromana se creía que los magos poseían conocimientos arcanos y podían canalizar poder desde o a través de cualquiera de los espíritus, deidades o ancestros de los viejos panteones. Esta creencia y esta práctica siguen vigentes en las prácticas neopaganas, wiccanas y de la brujería tradicional. Muchas tradiciones asociadas con la magia en el mundo moderno derivan de la fascinación por antiguas costumbres y creencias, y se entremezclan con la necesidad de hacer magia contra los hechizos de otras personas y contra ciertos espíritus, hadas o brujos. La necesidad de escribir hechizos o pronunciarlos dio lugar a la idea del ámbito de la manifestación de que «las palabras tienen poder».

A finales del siglo XIX, debido a la influencia de varios autores, eruditos y filósofos victorianos, la manifestación pasó a verse como una pseudociencia. Helena Blavatsky, filósofa y autora rusa que estuvo implicada en el movimiento espiritista y profundamente interesada en lo oculto, fue clave para que la idea de la manifestación adquiriese popularidad.

Blavatsky viajó por el mundo estudiando distintas enseñanzas metafísicas y adquirió reputación como una persona extraordinariamente talentosa en el terreno espiritual. Se basó en ceremonias religiosas, rituales y tradiciones antiguas para escribir un libro titulado *La doctrina secreta*. Mucho de lo que creía coincidía con lo que ahora llamamos la *ley de la atracción*. Blavatsky argumentó que las opiniones que tenemos sobre nosotros mismos y nuestra identidad definen quiénes somos y de lo que somos capaces. Thomas Troward, otro autor del siglo XIX cuyo trabajo se cree que influyó en muchas monografías contemporáneas dedicadas a la ley de la atracción, *El secreto* entre ellas, ha sido descrito por muchos estudiosos modernos como un «cristiano místico». Numerosos autores y espiritistas del siglo XX publicaron sus propias opiniones sobre el concepto de *manifestación* en las décadas siguientes; la mayoría de ellos ilustraron sus creencias con ejemplos de éxito en su propia vida.

En la actualidad, la manifestación y la magia son conceptos con los que la mayoría de la población está familiarizada. La manifestación, en esencia, consiste en manipular energía con el fin de obtener unos resultados concretos; si le sumamos la magia, contamos con una energía adicional con la que alimentar nuestras intenciones. La manifestación es una herramienta con la que dar forma tanto a nuestra realidad externa como a nuestra realidad interna. Podemos aseverar que la manifestación está redescubriendo su magia en estos momentos.

# ¿Cómo funciona?

La brujería es el uso intencional de la magia a la vez que se mantienen la tradición y el folclore. La tradición y el folclore son increíblemente diferentes para cada individuo, porque tienen que ver con el lugar en el que se reside, las experiencias vividas y la ascendencia. La práctica de la magia en general implica ofrecernos a nosotros mismos un punto focal natural desde el que relacionarnos con el entorno y una visión intencionada de nuestra vida.

Tú y yo somos puntos en el tiempo; somos eventos. La magia es una característica del evento que es tu vida y puede alterar la forma en que se plasma dicho evento. Eres tú quien decides cómo usar la magia. Puesto que, con la magia, estás proporcionando un punto focal para tu evento, estás ofreciendo un tema al evento que es tu vida. Este tema que te ofreces te da una idea de qué es lo que debes buscar en el ámbito de la vigilia (es decir, en el mundo en el que estás despierto o despierta) y te ayuda a presentar una energía que atrae hacia ti lo que más deseas.

Tal vez conozcas la idea de que nos encontramos en una longitud de onda vibratoria que resuena positivamente con otros aspectos del universo. La energía está vinculada a nuestras emociones. Estoy seguro de que has conocido a personas cuya energía te ha atraído y a otras cuya energía te ha repelido. La magia de la manifestación tiene que ver con acceder a la energía (la vibración o longitud de onda) que sostiene nuestros deseos.

En parte, esto deriva de la idea de la *magia simpática*, que es la búsqueda inconsciente de estímulos correspondientes; también abarca los estímulos que solo encontramos cuando los estamos buscando activamente. En cierto modo, contar con un foco mágico consiste en abrir una puerta a la magia simpática de las relaciones y enseñarnos a nosotros mismos una nueva manera de ver el mundo. La manera en que vemos el mundo está intrínsecamente ligada a la energía que ofrecemos a los estímulos que incorporamos. ¿Le enseñas el dedo corazón a ese mal conductor o dejas correr lo sucedido y te centras, en cambio, en el hecho de que su matrícula contiene tu número de la suerte? O tal vez te sitúas en medio de las dos posturas y ves la vía neutra: tu dedo corazón es un 1, en la matrícula del conductor hay un 1 y tu número de la suerte es el 11. Sea como sea, el pensamiento positivo nos permite acceder a la magia positiva, y la magia positiva manifiesta lo bueno en nuestra vida, mientras que el pensamiento negativo puede conllevar un daño para nuestra vida o para la vida de las personas a las que ofrecemos esta energía.

# Métodos de manifestación no mágicos

Lo mundano es inevitable a la vez que necesario y, a causa de ello, la manifestación es más que una práctica mística. Tiene sus raíces en la realidad, en la manera en que vivimos. La horticultura es un ejemplo de una manifestación productiva muy literal. El horticultor es un alquimista que combina conocimientos y la práctica ritual de programar, plantar y cuidar con el fin de manifestar unas plantas que den frutos. Todo lo que queramos manifestar requiere intención y cuidados, como las plantas de un huerto. Procedimientos y herramientas como los tableros de visión, llevar un diario, visualizar, sentir como si ya tuvieses lo deseado, usar una rueda de enfoque o decir nuestra intención son maneras de hacerle saber al universo qué queremos manifestar y de acercarnos al cumplimiento de nuestros deseos. Si no tienes un huerto que cuidar, encuentra otras formas de alimentar tus intenciones en cuanto a la manifestación.

## TABLERO DE VISIÓN

Esta es una manera potente de dar una forma estética al deseo. Además, tu tablero de visión tendrá un carácter increíblemente individual; será claramente diferente del de cualquier otra persona, incluso si estáis tratando de manifestar lo mismo. Hay muchas maneras de juntar un conjunto de imágenes centradas en un objetivo; entre ellas, el *collage*. Los *collages* de los tableros de visión proporcionan unas imágenes inspiradoras a las que otorgamos significado y nos sirven de recordatorio de lo que queremos; esto nos ayuda a ocuparnos de nuestra situación actual con vistas a alcanzar nuestro objetivo. Es muy bueno tener el tablero de visión en un lugar por el que pasamos a menudo; por ejemplo, se puede poner en la parte alta de una cómoda, al lado de una puerta e incluso en el lavabo, si tenemos problemas de espacio. El tablero de visión nos ayuda a no perder de vista nuestro objetivo, lo cual hace más probable que emprendamos acciones para alcanzarlo.

*Dedica un tiempo a crear un tablero de visión. Imprime imágenes, recorta fotografías o frases de viejas revistas y prepara pegamento y cinta adhesiva. No te inhibas pensando demasiado en el tablero de visión de otras personas. El tuyo tiene que reflejar tu objetivo. Una vez que hayas reunido imágenes, palabras, formas y frases que consideres que se corresponden con tu objetivo, disponlas sobre una cartulina gruesa hasta encontrar una distribución que te guste. Cuando obtengas un resultado convincente, empieza a fijar los elementos usando la cinta adhesiva y el pegamento o chinchetas.*

## DIARIO DE DESEOS Y GRATITUD

Nuestros pensamientos necesitan ir a algún lugar. Pero la mayoría de nosotros no decimos todo lo que nos pasa por la cabeza. A veces, nos guardamos nuestros pensamientos y sentimientos. La práctica de llevar un diario puede ayudarnos a sentirnos escuchados por la persona que más necesitamos que nos escuche: nuestro yo interior. A través del acto intencionado de escribir en un diario nuestros deseos y aquello por lo que estamos agradecidos le estamos diciendo a nuestro yo interior qué aspectos de nuestra vida deberían cambiar. Reflexiona sobre tus objetos de gratitud para que te sucedan más cosas buenas y sobre cómo va a mejorar tu vida aquello que deseas manifestar. El hecho de reflejar estos pensamientos en un diario le proporcionará un punto de referencia tangible a tu mundo interior y, de alguna manera, dispondrás de una hoja de ruta hacia tus sueños.

*Piensa en aquello que te suscita más gratitud, desde sucesos y personas hasta cosas que ves, hueles, oyes y percibes por medio del tacto. Anota cinco elementos, por lo menos, por los que estés realmente agradecido(a). A continuación, piensa en aquello que deseas más profundamente y anótalo con palabras simples. Seguidamente, escribe una historia. Puede ser simbólica o tan realista como quieras; en cualquier caso, considera que se la cuentas a tu niño interior. En esta historia, tu objetivo tiene que ser el mismo que el que tienes en el mundo real, pero si te resulta útil desarrollar una metáfora, el escenario puede ser de fantasía. Piensa en los detalles que va a encontrar más emocionantes tu niño o niña interior. ¿Qué es aquello que más teme y cómo puedes superar eso a la vez que incluyes aquello que te inspira más gratitud? La historia puede ocupar una página o muchas.*

## VISUALIZACIÓN

Todos los sentidos pueden contribuir al proceso de la visualización. Se trata de que crees, en el interior de tu mente, un tiempo y un lugar en los que quieras estar. Es un espacio de refugio y anticipación, en el que puedes crear el mundo tal como te gustaría verlo. Esto te ayudará a hacerte una mejor idea de lo que quieres y lo que necesitas hacer, en el transcurso del tiempo, para obtenerlo. Esta actividad debería ser relajante y productiva, un proceso meditativo. Si quieres un Emmy, visualiza que lo tienes, no la pompa de la ceremonia de entrega de los premios. Esta forma de mirar hacia delante constituye una preparación para el futuro que deseamos.

*Prepara el lugar, date espacio para respirar, cierra los ojos, relájate e imagina la configuración del sitio en el que más deseas estar. Empieza con una habitación vacía. Si tu lugar ideal se encuentra en la naturaleza, imagina que quitas las paredes que te rodean y te sumerges en él. Pon una ventana y una puerta donde quieras. Coloca tantas ventanas como desees, incluso un tragaluz. A continuación, empieza a llenar el espacio, tal vez con elementos que te resulten familiares. Si quieres que haya herramientas tecnológicas, evoca el suave zumbido de la electricidad y, tal vez, el sonido de las plantas de interior al moverse suavemente con la brisa que entra por la ventana abierta. ¿Qué ves fuera? ¿Qué aspecto presenta la mesa en la que tienes tus cosas? ¿Hay una moqueta, baldosas, arena o césped? En este espacio, todo es posible. Permítete quedarte en él todo el tiempo que quieras, imaginando cada detalle, incluido el aroma de la vela que más te gustaría tener ahí. Cuando te sientas listo(a) para irte, imagínate saliendo por la puerta o andando por un camino que te lleva al exterior. Escribe unas líneas sobre este espacio, incluso puedes hablarte de él en voz alta, para que te resulte más fácil evocarlo la próxima vez.*

## OTROS MÉTODOS

Por supuesto, estos no son los únicos métodos de manifestación de los que disponemos; solo son los más utilizados. Como individuos que somos, procedimientos diferentes funcionarán de maneras diferentes para cada uno de nosotros. A algunas personas les gusta una técnica llamada *reprogramación nocturna*, que permite cumplir los deseos en el sueño. Algunas acuden a las afirmaciones, que pueden estar orientadas a la consecución de objetivos a corto o a largo plazo. La visualización en tercera persona nos permite hacernos una idea de cómo queremos vernos en el día a día. También existe la herramienta consistente en escribirse cartas desde el propio yo futuro; es una especie de proyección en la que nos situamos más adelante y recibimos orientación desde el lugar en el que nos gustaría encontrarnos. También puedes probar a idear tus propios métodos a partir de aquellos que más te atraigan.

## LA LEY DE LA ATRACCIÓN

La ley de la atracción es una filosofía metafísica que atribuye energías a los pensamientos. Muy a menudo, nuestros pensamientos hacen que nuestras emociones vayan en una determinada dirección. Queremos tener pensamientos positivos para tener sentimientos positivos y atraer energía positiva. La ley de la atracción puede parecer simple de entrada, pero operar con ella requiere mucho trabajo personal. Algunos de los que disfrutamos de los aspectos mágicos de la vida decimos que se trata de un «trabajo en la sombra», es decir, de una tarea que suele ser difícil e íntima, pero necesaria para avanzar. La ley de la atracción no solo nos pide que hagamos correcciones y ajustes en nuestra voz interna, sino que también los hagamos en nuestra voz externa. Cambiar algo implica conocerlo, por lo que debemos conocer nuestro yo crítico con el fin de analizar lo que estamos experimentando.

En ese escenario, conviene dejar de lado la incredulidad, puesto que es limitante. A todos nos han dicho que la magia no es real, pero tenemos que prescindir de los patrones de pensamiento limitadores para abrirnos a la posibilidad de alcanzar nuestros sueños e incorporar los hechizos a nuestros esfuerzos encaminados a manifestar.

Si hacemos esto, podremos hacer verdadera magia. En cierto sentido, la ley de la atracción es el componente mundano e invisible de todo hechizo. Por lo tanto, parte de tu tarea y de tu práctica debe consistir en alimentar la fe en ti y en tu propia magia. Eres un ser mágico, y es hora de que cuestiones lo que está evitando que te sientas digno o digna de aquello a lo que aspiras. Quitar de en medio estos obstáculos te ayudará a actuar con mayor rapidez y confianza ante la oportunidad que podría traer tu hechizo por medios mágicos. Además, nada fomenta en mayor medida la conexión con personas de ideas afines que el hecho de ser conscientes de quiénes somos y de cómo nos desenvolvemos en el mundo.

Este libro es una guía para la manifestación. La magia forma parte de tu historia, y si quieres incluir la magia en tu proceso de manifestación y sanación, este volumen te ofrece una magnífica forma de hacerlo. Aquello que la ley de la atracción nos pide que hagamos para nosotros mismos es lo necesario para conseguir la satisfacción, independientemente del carácter mágico o mundano de lo que debamos hacer.

La ley de la atracción dice que lo positivo y lo negativo varían según la persona: lo que es positivo para ti puede ser negativo para otro individuo, y viceversa. Los sueños suelen ser grandes. Piensa en los detalles de tus sueños y en cómo afectará a tu entorno el hecho de que los veas satisfechos. Sueña a lo grande, pero teniendo en consideración los efectos que tus logros puedan tener sobre los medios de subsistencia de los demás. Hay quienes sueñan con ser políticos o empresarios, pero estas personas pueden generar grandes cambios positivos o negativos en vidas ajenas. Lo mismo es aplicable a los propietarios de grandes corporaciones lucrativas. Los sueños no solo te ofrecen la oportunidad de vivir como quieres, sino también de ser una fuerza positiva en el mundo.

# Psicología

◇◇◇◇◇◇◇◇◇◇◇◇

Tengo un buen amigo al que le gusta decir: «Si te encuentras con dos imbéciles en un mismo día, mírate en el espejo para ver el tercero». Es una sabia observación, profana pero profunda. La ley de la atracción nos pide que cambiemos de perspectiva. Tal vez nos pareció que ese empleado del bar tuvo una actitud hostil hacia nosotros, cuando en realidad solo ocurrió que estaba exhausto después de un largo día de trabajo. A todos nos ha ocurrido que hemos tenido una buena intención pero poca o ninguna energía para ofrecerle a alguien una interacción abiertamente positiva. Quizá ese conductor que te cortó el paso lo hizo de forma accidental en uno de esos momentos petrificantes de pánico social tonto que todos experimentamos en la carretera. La forma en que decidimos ver las cosas en el momento lo es todo.

Dejar que un empleado de bar u otro conductor suscite en nosotros una reacción negativa nos predispone a experimentar más negatividad, porque esta ha sido la vibración emitida. El resultado directo es que esa persona puede mostrarse incluso más negativa, lo cual supone el inicio de un ciclo interminable de negatividad y respuestas negativas.

La persona que proyecta pensamientos positivos o neutros no está pensando siempre en lo malo; no está atrapada entre la espada y la pared creadas por ella misma. Esto le permite estar más abierta a las oportunidades, ya que no gasta energía irritándose con el pasado o esperando un futuro horrible. Está más atenta al momento presente. El único obstáculo que tenemos que superar es nuestro propio cerebro.

Los seres humanos tendemos, por naturaleza, a pensar en clave negativa. Lo que nos ha ocurrido en la vida nos afecta, y es más probable que recordemos los sucesos negativos que los positivos; es un mecanismo al que acude el cerebro para mantenernos a salvo. La mayoría de nosotros vivimos en un entorno relativamente seguro (no hay nada que nos persiga para darnos caza; ni siquiera tenemos que buscar alimento), por lo que el sesgo de negatividad solo sirve para separarnos de otras personas. Los traumas que nos hayan podido ocasionar otros individuos también afectan a nuestro sesgo de negatividad y cambian la forma en que vemos a las personas a las que podríamos necesitar en nuestra vida para sentirnos lo más completos y felices posible. Después de todo, la mayoría de nosotros no soñamos con ser ermitaños en el bosque y deslizarnos silenciosamente hacia la nada (aunque si este es tu sueño, cuentas con mi apoyo).

La manifestación requiere que abordemos aquello que nos está reteniendo y que examinemos detenidamente nuestro sesgo de negatividad y la manera en que nos puede estar limitando. Di «gracias» y suelta lo que ya no necesitas. Mereces tu propia sanación; la manifestación acontece cuando decides que mereces avanzar.

# Ciencia

Tenemos un grado de conciencia sobre el mundo que nos rodea todo el tiempo. Es por eso por lo que algunas personas parecen estar más en sintonía con el momento presente o con detalles muy pequeños; su cerebro cambia la forma que tienen de enfocarse en las cosas y el tipo de información que incorporan. En el mundo actual, nos llega información de todas partes en todo momento. Tomemos la conducción como ejemplo. Estás recibiendo una cantidad de información necesaria, de forma pasiva, sobre lo que está ocurriendo a ambos lados de tu vehículo y detrás de este, a la vez que estás absorbiendo, activamente, ciertas informaciones relativas a lo que tienes delante. Hay lugares apropiados a los que dirigir la atención y formas provechosas de recibir los estímulos. Si reparas en las motas de polvo que hay en el parabrisas mientras conduces, puedes distraerte, pero si te fijas en este mismo polvo en el momento de limpiar el automóvil, ello te brinda la oportunidad de dejarlo impecable.

Cuando nuestro cerebro procesa los estímulos que le llegan mientras conducimos, lo hace para que no suframos daño. Buscamos unos detalles muy concretos que necesitamos saber con el fin de permanecer a salvo tras el volante, a la vez que ignoramos los detalles innecesarios y que podrían distraernos. Cuando estamos en la naturaleza y nos centramos en el sonido de una serpiente de cascabel en lugar de hacerlo en el sonido de las hojas agitadas por el viento es porque nuestro cerebro está buscando inconscientemente ese tipo de sonidos para mantenernos a salvo. La ley de la atracción nos enseña a buscar lo que queremos desde el subconsciente; esto nos ayuda a estar más en sintonía con lo que estamos buscando en nuestra vida.

Así como procuramos estar atentos a las personas que envían mensajes de texto y beben un refresco mientras conducen, también podemos aprender a concentrarnos en aquello que queremos atraer, porque en realidad solo vemos lo que ya está ahí. La cuestión es: ¿qué elegimos percibir? Ya está todo ahí; por lo tanto, nos corresponde a nosotros elegir lo que queremos ver. Estaremos a salvo, porque se nos da muy bien predecir lo negativo de todos modos.

# CAPÍTULO 2

# ¿Dónde empieza la magia?

Este capítulo revela para qué tipo de personas es la magia, quiénes pueden operar con ella y cómo puede ayudarnos en nuestro camino espiritual. También contiene unos cuantos ejercicios que te ayudarán a establecer tu conexión con la realidad de la magia, la cual habita en nuestro interior. Recuerda que la magia es una conexión con todo; no hay un tipo de magia específico y tampoco hay una magia correcta y otra incorrecta.

Procura leer este capítulo desde una postura carente de juicios. Existe un poder asociado a tu singularidad, y este capítulo te pide que te enfrentes a algunas de las cuestiones que, dolorosamente, te están impidiendo conectar con tu hondura universal. No hay una manera correcta o incorrecta de explorar las propias profundidades; el solo hecho de bucear en tu interior es mágico en sí. Cuando aprendas a conectar mejor contigo, seguramente te encontrarás con que tu conexión con la magia se vuelve más fuerte. Porque eres un ser mágico.

# ¿Quién puede hacer magia?

◇◇◇◇◇◇◇◇◇◇◇◇

Todo el mundo puede practicar la magia. No se trata de algo hereditario ni pertenece en exclusiva a una determinada comunidad o sociedad. Toda persona tiene acceso a la magia. Ahora bien, así como el concepto de *magia* es universal y está disponible para todos, las prácticas de magia son extremadamente variadas y no todas son de libre acceso. Muchas están categorizadas según la fe de base que se profesa, la zona geográfica y las creencias religiosas. La magia también requiere práctica, dedicación y un grado de afinación. En el caso de algunas personas, puede fluir con facilidad, mientras que a otras puede resultarles más complicada. La magia es instintiva y, por lo general, atrae a quienes van a practicarla a través de una conexión magnética natural.

El deseo de aprender magia requiere una labor de autodescubrimiento y también tener una sed de conocimiento que conduce a la persona a explorar materias ocultas y esotéricas. Hay muchos ritos y rituales a los que se puede acceder sin problemas y de los que uno se puede servir en su práctica personal. Sin embargo, otros son privativos de ciertas culturas o exigen un proceso de iniciación. Por ejemplo, la religión *wicca* requiere dedicación y estudiar durante todo un año y un día antes de ser iniciado en una asamblea de brujos y brujas. La santería, el vudú, el obayi (*obeah*) o el judú son religiones vinculadas a culturas específicas que contienen prácticas que no están abiertas a todo el mundo. Este libro no abarca todas las tradiciones y solo se centra en la magia y la manifestación, pero de ninguna manera pretende limitar tu práctica como brujo o bruja.

El camino de cada uno en el terreno de la magia es diferente y está influido por muchos factores, desde la propia cultura hasta las propias experiencias vitales. No hay dos caminos iguales, y el tuyo merece el mismo respeto que tú tienes por los caminos de los demás. Tu vida ya forma parte de tu práctica mágica; solo te falta hacer magia. Para ello, será importante que conozcas distintos aspectos de la magia. Recuerda que el conocimiento es poder.

# La magia empieza contigo

La magia puede ser complicada. No tiene por qué ser agradable desde el punto de vista estético y no es algo que vayas a dominar mañana mismo. Por lo tanto, deja de desplazarte por tu *feed* de Instagram y juzgar tu magia en función de lo que muestran los demás, muchas veces con el afán de promocionarse. Tu magia no se parecerá a la de otra persona a menos que hagas todo lo posible para que lo parezca; pero así no estarías respetando la persona completa que eres. Tómate un tiempo para pensar acerca de qué es lo que más disfrutas de la magia y tu espiritualidad. ¿Qué es lo que te suscita una sensación de euforia en tu práctica?

No te limites. Explora otras modalidades de brujería. Tal vez descubras que sientes una conexión con una deidad en concreto. ¿A qué panteón pertenece? ¿Qué civilizaciones la han adorado? Estas son cuestiones clave a la hora de personalizar tu práctica.

El aprendizaje es fundamental para llegar a ser un buen brujo o una buena bruja, pero no tienes por qué hacer todo lo que un libro dado te diga que hagas. La descripción que traces de tu universo y la forma en que lo manifiestes en la práctica diferirán de mi descripción y mi práctica; gracias a ello, podemos aprender nuevas expresiones de la magia unos de otros.

Tu camino mágico es un proceso de autodescubrimiento que, en parte, requiere que examines cualquier conflicto interno que hayas podido eludir hasta el momento. La parte más mágica de ti está esperando al otro lado del relato negativo que has elaborado para protegerte del cambio. Acabar con la percepción de la autonegación es un proceso duro y continuo, pero necesario a medida que avanzamos por la vida y nos sumergimos más profundamente en nuestra dimensión espiritual. Hay varias maneras de llevar a cabo esta inmersión en nuestros mundos internos con el fin de encontrar nuestra identidad más mágica.

## AUTOCONCIENCIA

Nos puede resultar desconcertante vernos como realmente somos: como algo más que nuestros pensamientos, como personas completas que tienen un conjunto colorido de experiencias, a la vez que somos como todos los demás. La autoconciencia es una herramienta potente para lograr la autoaceptación, y nos puede ayudar a afinar nuestros sueños. No todo el mundo sabe perfectamente qué es lo que quiere. Algunas personas viven la vida tratando de hacer siempre lo que piensan que los otros quieren que hagan. Si has estado buscando la aceptación externa antes de encontrar algo parecido a la aceptación interna, es hora de que te mires en el espejo.

Es importante que conozcas tus defectos, claro que sí, pero es igual de importante que reconozcas todos los aspectos maravillosos que te caracterizan. Dedicarte por completo a lo que querrías cambiar no le hace ningún favor a la fantástica persona que eres. Si estás dando forma a tus sueños centrándote en la aceptación de los demás, es hora de que les des forma enfocándote en lo que realmente te hace feliz. Tal vez las presiones externas te han ubicado en un camino en el que no necesariamente estás bien, pero en el que te sientes a salvo de los juicios de los demás. Es hora de que te liberes de la obligación que te has impuesto de satisfacer los deseos de otras personas; ahora bien, la liberación comienza por ver lo que hay ahí.

*Eres más que un conjunto de recuerdos. Eres este mismísimo momento. Siéntate en silencio. En este ejercicio, vas a observar los pensamientos que acuden a tu mente. Tal vez tu mente querrá reaccionar frente a estos pensamientos. Intenta que no lo haga. Limítate a mirar los pensamientos y a dejar que se vayan. Estos pensamientos no son tú; forman parte de la manera en que procesas tu experiencia del mundo, pero no necesariamente te hacen ser quien eres. Toma conciencia de lo que estás haciendo ahora mismo; tal vez estás de pie o sentado(a) en una silla o en el suelo. Toma conciencia del espacio que ocupa tu garganta en tu cuello y de que tus párpados descansan sobre tus ojos. Esto sí eres tú. Si sonríes, ¿es amplia tu sonrisa o casi imperceptible? ¿Quién te viene a la mente cuando piensas en una sonrisa? Deja que este pensamiento esté ahí flotando. No formules porqués todavía; deja que los pensamientos acontezcan, sin más. Después de permanecer unos momentos reflexionando en silencio, escribe sobre tu experiencia. Si alguno de los pensamientos te sigue acompañando, el proceso de escritura es una buena ocasión para indagar al respecto. Ábrete a ti mismo(a): te mereces más que nadie tu propia honestidad.*

## AUTOACEPTACIÓN Y QUERERSE A UNO MISMO

Al practicar la autoobservación, es posible que no nos guste todo lo que vemos. No pasa nada. Es probable que no te guste absolutamente todo de todas las personas que conoces. De la misma manera, seguramente no les echas en cara sus defectos ni consideras que son malas personas a causa de ellos. Entonces, ¿por qué deberías juzgarte a ti con mayor dureza? Sé compasivo contigo en relación con los pensamientos que cruzan por tu mente o en cuanto al nivel absurdamente elevado que te exiges, el cual no puedes alcanzar. Si tienes una voz interior que te dice que no mereces agradar a los demás, esta voz no es tuya. Y en lugar de preocuparte por lo que puedan pensar de ti, reconoce que probablemente te ven de una manera similar a como los ves tú a ellos.

Ofrecemos amor y aceptación a las personas por las que nos preocupamos, pero si no nos preocupamos por nosotros mismos, no podemos ofrecernos amor y aceptación. Mereces tu amor y tu cuidado. Solo a ti te corresponde hacer el viaje con destino a esta comprensión, pero es muy posible que ello requiera que desmontes el relato negativo que te cuentas, que no se corresponde con lo que los demás ven en ti. La autoaceptación, o reconocimiento del carácter neutro del «yo soy», es el camino. Y el amor a uno mismo es el viaje; es el movimiento hacia el camino de la aceptación, los momentos de autocuidado en los que detenemos el bombardeo del autodesprecio.

*Es el momento de trabajar un poco con el espejo. La autoaceptación puede parecer una especie de propaganda que no tiene que ver con la realidad, pero esto solo es así porque hemos moldeado nuestra realidad en torno a derramar negatividad sobre nosotros mismos. Verter positividad sobre ti mismo(a) no te parecerá normal o apropiado al principio, pero esta práctica es una modalidad de autocuidado. Este es un ejercicio para hacer a diario:*

1 *Cuando te despiertes por la mañana, di: «Buenos días, _____ [tu nombre]».*

**2** Tras levantarte, sitúate frente al espejo, mírate a los ojos y di de nuevo: «Buenos días, _____ [tu nombre]. Te quiero, _____ [tu nombre]».

**3** Sonríete, aunque tengas que obligarte a ello y aunque no te parezca algo natural al principio.

Si puedes hacer esto todos los días durante un mes, estás en el buen camino. No te rindas. Si un día no lo haces, hazlo al día siguiente o hazlo también antes de acostarte. Date los buenos días y las buenas noches. Dite «te quiero» cada día.

## AUTODESCUBRIMIENTO

Realizar descubrimientos es divertido. Eres una aventura, y ha llegado la hora de que te explores plenamente. ¿Tienes un temperamento matemático o bien creativo? ¿Eres un espíritu libre? Tal vez eres alguien a quien le gustan las comodidades. Todos estos son aspectos de ti maravillosos, y siempre estás creciendo. Tal vez te parezca difícil, a veces, mantenerte a la par con quien eres. También puede ser que te sorprendas a ti mismo con el descubrimiento de nuevas profundidades que apenas has empezado a explorar.

Quizá has advertido, de pronto, que puedes concentrarte en el trabajo mejor que nunca y que haces más rápido las tareas. Y esto te sorprende, porque no pensabas que fuese posible. Este es un ejemplo de que no nos ofrecemos la posibilidad de creer que somos capaces de algo. Es una forma de desentendernos de nuestras capacidades para abrazar, en cambio, una negatividad que o bien nos mantiene donde estamos, o bien hace que no dejemos de depender de alguna otra persona.

El autodescubrimiento puede ser incómodo cuando nos damos cuenta de que somos más de lo que creemos ser. Puede ser que neguemos esta realidad, porque este tipo de poder da lugar a cambios, inevitablemente. Si bien el cambio es bueno, forma parte de la vida y nos constituye, la idea del cambio puede asustar a algunas personas. El viaje del autodescubrimiento se apoya en la autoaceptación y el amor, por lo que el hecho de descubrirte a ti mismo es indicativo de que te estás amando.

No hay una sola forma de abordar el autodescubrimiento; permanece en actitud de apertura y evita sujetarte a un relato negativo por el solo hecho de que es terreno conocido. Vas a estar bien, pues ya tienes todo lo que necesitas: te tienes a ti.

*Puede ser que aún no seamos expertos en nosotros mismos, y esto nos da la oportunidad de llegar a conocernos. Somos nuestros mejores amigos, nuestros compañeros de juego más cercanos y contenemos multitudes. Ten una cita contigo. Ve a un lugar romántico y natural, como una playa u otro lugar en el que haya agua (ya que el agua facilita la comunicación). Observa tu ambiente interior y tu entorno exterior. Escribe cómo te sientes en relación con cualquier cosa o persona que te llame la atención y pregunta por qué te ha suscitado interés. ¿Te ha recordado algo? ¿O solo has tenido la experiencia de algo completamente nuevo? Lee tus notas como si fueran tu manera de presentarte a otra persona. ¿Qué te ha gustado de la forma en que tu cita (es decir, tú) ve el mundo?*

# ¿Por qué la magia?

La magia nos vincula a los antiguos que nos ofrecen orientación, a nuestro yo superior y a nuestros seres queridos, ya estén vivos o muertos. La magia es algo compartido y, a la vez, personal. Cada día entramos en contacto con fuerzas mágicas sin ser conscientes de ello, de la misma manera que podemos manifestar sin pensar que lo estamos haciendo.

¿Por qué quieres utilizar la magia? ¿Hay algo que tu corazón anhele?

La magia nos ayuda a salir de los problemas de lo mundano y nos ofrece un nuevo modo de ver lo que tenemos alrededor. Es un regalo, una oportunidad universal. Estimula nuestra conexión con la naturaleza, de la que procedemos, y nos ayuda a recordar que somos de carne y hueso y parte de algo fantástico.

Deberíamos usar la magia cuando nos sentimos limitados y constreñidos. Está ahí para auxiliarnos cuando nos sentimos desesperanzados. También está ahí como herramienta de celebración de la esperanza futura. La magia nos puede brindar consuelo cuando nos sentimos solos o puede ofrecer un sentimiento de comunidad cuando estamos con otras personas.

La magia es el fondo de nuestra visión espiritual; crea la sombra y la luz que define el mundo por el que caminamos. Convierte nuestra realidad mundana en simbología y orientación ancestral. Aporta significado a los lugares que parecían no tener ninguno.

En cierto sentido, la empatía es un tipo de magia, la magia que usamos para conectarnos entre nosotros y con nosotros mismos. En un musical, los personajes cantan para transmitir una profundidad emocional que un monólogo podría no alcanzar; se sirven de unos tonos, unos contrastes y una poesía que no serían naturales en un discurso de la forma en que lo son en una canción. La magia es la canción y tú eres el actor, así que suéltate y canta. No hay ninguna razón por la que debas retener la emoción que es tu magia. Está ahí y te habla para transmitirte un mensaje que solo tú puedes expresar.

Entonces, ¿por qué la magia si las ciencias prácticas y tangibles pueden explicar el mundo?

Para los antiguos, no cabía distinguir entre magia y ciencia. Pero nos desvinculamos de esta postura de alguna manera y desarrollamos una visión del mundo metódica y crítica. Podemos ofrecer a la ciencia el alma comprensiva de la magia cuando reflexionamos sobre nuestra conexión con el universo. Naturaleza y ciencia caminan de la mano; la ciencia establece los límites, mientras que la magia ofrece el simbolismo. En cierto modo, la ciencia aporta el marco del cuadro que es el arte de la magia.

¿Qué ideas han evitado que ejercieras la magia hasta ahora? ¿Por qué elegiste limitarte de esta manera? La magia no es obra del diablo ni está bajo el yugo de ninguna estructura dogmática. La magia ofrece liberación a aquellos de nosotros que no acabamos de encajar. Así que vuelvo a preguntar: ¿por qué la magia? Bueno, ¿por qué no?

# CAPÍTULO 3

# La práctica de la manifestación

Antes de abordar los entresijos de la manifestación y la magia, debemos estudiar los conceptos básicos y dominarlos. En este capítulo hablaremos de lo importante que es establecer intenciones, centrarnos, conectarnos a tierra y protegernos; también del uso del ritual. Una vez que domines los conceptos básicos, podrás implementarlos en tu práctica diaria con facilidad, y tu capacidad de manifestar será mucho más potente. Si bien los practicantes avezados deben efectuar cambios según lo que exigen las circunstancias, los conceptos básicos que aquí se exponen aportan una buena base. *Rutina, tradición* y *ritual* pueden parecer cuestiones nada emocionantes al principio, pero son necesarias y han sido utilizadas durante siglos por muchos brujos y brujas, magos, chamanes y practicantes espirituales consumados. De hecho, la mayoría de los hechizos que vemos desde la antigüedad suelen requerir que el practicante implemente algún tipo de ritual. Además, tiene que ser una persona bien conectada con la realidad material. Sigue leyendo sobre estos principios mágicos cruciales para manifestar de forma segura y con facilidad.

# Conceptos básicos

La práctica de la manifestación es el arte de pedir lo que se desea, enfocarse en este deseo y creer que se trata de algo tan real que se convierte en la propia realidad. Aunque el concepto en sí puede parecer muy simple, es importante recordar que todo, en el terreno de la magia especialmente, requiere preparación y una planificación adecuada antes de ser ejecutado. Las reglas pueden cambiar según la práctica específica que se elija seguir, el hechizo o ritual escogido que nos va a ayudar a manifestar y aquello que elijamos manifestar exactamente.

Si vas a armonizar tu fe (tus creencias religiosas o espirituales) con una tradición específica, tal vez querrás implementar las técnicas y la sabiduría de esa fe cuando practiques actos de manifestación. Dentro del ámbito de la magia y la brujería, hay dos categorías de prácticas de este tipo: la *magia baja* y la *alta magia*. Ambas son denominaciones generales que se emplean para hacer referencia a un amplio abanico de prácticas mágicas.

La magia baja engloba todos los tipos de prácticas mágicas que no requieren el uso de rituales o ceremonias. En la actualidad, se conoce también como *magia práctica*. La magia baja se da sobre todo en la magia popular, en la que quienes la practican utilizan herramientas y elementos comunes en lugar de oraciones, círculos rituales y ritos sagrados. Con la magia baja, la propia voluntad y un puñado de materiales suelen bastar para conseguir resultados. Este tipo de magia se utiliza sobre todo con fines bastante tangibles y personales, que, tal vez, haya que materializar con prontitud: temas de salud, maleficios, ganancias económicas y atraer el amor.

La alta magia es mucho más compleja; requiere cierto grado de compromiso y dedicación. En general, la alta magia es útil cuando los objetivos o deseos son un poco más intangibles y tienen que ver con la claridad espiritual o con la conexión con lo divino o sobrenatural. La comunicación con espíritus y la conexión con deidades, espíritus guías, ángeles, demonios, etc., suele requerir el uso de rituales más complejos, un círculo mágico, algún tipo de sacrificio u ofrenda y decir ciertas palabras o entonar ciertos cánticos. Los rituales nos permiten incorporar con eficacia nuestros deseos a los hechizos.

Al incorporar la magia y los hechizos a tu práctica de manifestación, será importante que pienses en tu objetivo y en la cantidad de esfuerzo que crees que te llevará alcanzarlo. Cuanto mayor sea el objetivo, mayor tendrá que ser el hechizo y más energía y magia serán necesarias para materializarlo.

En la brujería tradicional, la *wicca* y otros tipos de brujería, como la magia popular, muchos hechizos y rituales están pensados para ser ejecutados en determinados días o momentos del mes o coincidiendo con alguna fase lunar. Esto tiene que ver con el simbolismo de las estaciones y con la influencia que ejercen las horas planetarias. Además, verás que muchos hechizos requieren elementos, herramientas e ingredientes extraños. Es correcto sustituirlos, como lo es efectuar cambios realistas que sean necesarios. Si quieres hacer un hechizo ahora mismo pero faltan dos semanas para la próxima luna llena, podrías hacerlo un lunes, que es el día de la luna. Si tu hechizo requiere mandrágora europea o belladona y te resulta difícil encontrarlas, puedes usar romero en su lugar. No debes tener la sensación de que tu práctica es rígida, pero a veces es necesario seguir las reglas, al menos hasta tener los conocimientos que permitan adaptarlas.

# PRACTICAR CON RESPONSABILIDAD

Como mencionaba anteriormente, no hay una magia blanca y una magia negra. Estos conceptos denotan racismo, están anticuados y son francamente vulgares. La naturaleza es neutra y, más allá del ámbito de las religiones abrahámicas, la idea del bien y el mal apenas es necesaria. La naturaleza nos alienta a utilizar el sentido común; eso es todo. Una serpiente no es mala porque te haya mordido; lo ha hecho porque te encontrabas en su camino o porque la has herido o asustado sin darte cuenta. Por lo tanto, lo que te pide la naturaleza en realidad es que prestes atención. Lo primero que es necesario para conseguir manifestaciones realmente potentes es escuchar el mundo que nos rodea. Así que escuchemos y seamos honestos con nosotros mismos. Ser auténticos consiste en estar plantados en la realidad y en reconocer y surfear sus altibajos con atención plena. Nos merecemos experimentar esto.

En la brujería uno es su propio juez, su propio jurado y su propio verdugo. Dicho esto, si decides hacerle algo a alguien a través de un hechizo, como puede ser lanzarle una maldición o intentar influir en su libre albedrío, tendrás que afrontar las consecuencias de tus actos. La naturaleza tiene una manera divertida de generar equilibrio. La manipulación que hagamos de ella siempre desembocará en un retorno al equilibrio, y nos conviene asegurarnos de que este retorno nos va a beneficiar. Entonces, antes de llevar a cabo una práctica mágica, pregúntate si vale la pena.

Hablemos de la magia por amor como ejemplo perfecto (y clásico) de un vaivén de caprichos y voluntades. Si una persona dada no siente nada por ti y la fuerzas a empezar una relación contigo acudiendo a procedimientos mágicos,

¿crees de veras que esta relación avanzará o funcionará por el bien de los dos? No será así. Por lo general, quienes deben acabar juntos terminan juntándose. Pensar que tal o tal persona es perfecta para ti y que debería enamorarse de ti no es cierto ni es justo. La gente tiene su propia voluntad, la cual es una fuerza mágica humana. No te permitas ser presa de la ilusión de que tu voluntad mágica es más fuerte que la de otra persona, de tal manera que dicha persona se «doblegará y romperá» por ti. Incluso si se «dobla» al principio, acabará por producirse un «movimiento de retroceso» repentino con el que la fuerza de su voluntad se manifestará muy a las claras. O, lo que es peor, podría refugiarse en un caparazón del que no habría manera de sacarla o podría obsesionarse contigo de muy mala manera.

La conclusión final es que nunca debes manifestar bajo la influencia de tu propio ego, sin tener en cuenta el libre albedrío, los deseos y los límites de los demás. La manifestación es en realidad un proceso de autodescubrimiento en el que nos vemos obligados a ser brutalmente honestos con nosotros mismos. Tus objetivos siempre deben tener sentido. Tal vez nunca serás un multimillonario como Jeff Bezos, ni por medios naturales ni mágicos, pero sí podrías traer más prosperidad y abundancia a tu vida a través de hechizos que faciliten la puesta en marcha de tu propio negocio o que allanen el camino hacia una vida relativamente confortable.

# Intenciones

◇◇◇◇◇◇◇◇◇◇◇◇◇

Si no sabes lo que quieres, ¿cómo vas a conseguirlo? A veces, una intención puede consistir en encontrar aquello que nos apasiona antes de poder comenzar a manifestar el proceso de implicarnos más con eso. Lo siguiente puede ser difícil de asumir, pero tengo que decirlo: si tu intención es «ganar más dinero», tienes que saber *cómo*. El cómo es una parte clave de la intención. De hecho, para establecer intenciones, es posible que debas plantearte todo esto, por este orden: quién, qué, cuándo, dónde, por qué y cómo. Estas son preguntas que me hago cada vez que empiezo a vislumbrar un plan, porque si bien algunos de mis planes son maravillosos y realizables, otros son tremendamente irreales o autodestructivos. En los casos en los que nuestras intenciones no estén alineadas con la realidad o con nuestros verdaderos deseos, podemos cuestionarlas de una manera fácil y constructiva para evaluarlas mejor antes de seguir adelante.

◆ **¿Quién?** ¿Quién está implicado en esto? ¿Quién te gustaría ser? ¿Quién es tu yo ideal?

◆ **¿Qué?** El qué puede ser difícil de determinar: ¿es la música? ¿Son las ventas? ¿Son unas vacaciones? ¿Es un emprendimiento doméstico?

◆ **¿Cuándo?** Piensa en el funcionamiento del tiempo y establece unos plazos realistas para tu objetivo. Si quieres tocar muy bien la guitarra, no lo lograrás en un mes si partes de cero, pero podrías aprender unos cuantos acordes en este tiempo.

◆ **¿Dónde?** Piensa en tu destino realista y mágico. ¿Adónde te lleva esto en los planos físico, espiritual y emocional?

◆ **¿Por qué?** Esta pregunta puede ser dura, porque es fácil que nos impulse a efectuar cambios en nuestra vida, lo cual, sin embargo, es parte del proceso. El hecho de cuestionar el porqué de una intención no significa que debamos renunciar a ella si nos topamos con algunas verdades duras o dolorosas; significa que debemos ceder ante nuestras necesidades auténticas y nuestros verdaderos deseos.

◆ **¿Cómo?** Acción. Paciencia. Manifestación.

En lo que a las intenciones respecta, recuerda que no estás formulando un deseo. Tampoco estás pidiendo que la intención se materialice. Establecer una intención es hacer una declaración, fijar un hecho que tendrá lugar. El astrólogo y vidente francés Nostradamus parecía tenerlo claro. Al realizar predicciones proféticas y escribirlas, esencialmente las estaba manifestando. De la misma manera, con la magia de la manifestación tienes que ser tu propio oráculo, tu propia fuente de honestidad.

A continuación, practiquemos una intención que a menudo tengo que establecer para mí mismo cuando estoy estudiando, leyendo por placer o montando un mueble: «Leeré todo el libro y seguiré las instrucciones». ¡Maravilloso! Estoy convencido de que puedes hacerlo, debes hacerlo y lo harás. Te irás convirtiendo en un maestro o una maestra de la manifestación a medida que avances. Sigue estudiando, leyendo y manifestando.

*Anota tu intención en un papelito. Asegúrate de que se trata de una declaración directa. Toma el papel entre las manos, cierra los ojos y visualiza lo que desees manifestar. Imagina que eso está justo delante de ti. ¿Cómo es tu vida ahora que lo tienes? Concéntrate en todos los detalles. Dobla tres veces el papelito e imagina que es una semilla. Entiérralo en el patio trasero o en una maceta que contenga una planta, en tu casa. Cada vez que ofrezcas cuidados a la planta estarás potenciando eso que deseas manifestar. Piensa en tu intención cada vez que veas la planta o que te ocupes del patio trasero. Imagina que tu intención florece como una hermosa flor con el paso del tiempo.*

# Centrarse

Centrarse es necesario en la vida, y es probable que lo hagas con regularidad sin tan siquiera darte cuenta. Cuando respirabas hondo antes de dar un gran discurso delante de la clase en tu infancia, te estabas centrando. Centrarnos es encontrarnos en mitad de las olas del océano y decir con confianza: «Ahora mismo estoy aquí, y todo lo que tengo que hacer es remar». Se trata de llevar al centro toda la energía que está zumbando alrededor del cuerpo.

Encontrar el centro es fundamental, tanto en la vida como en la manifestación. El hecho de centrarnos puede ayudarnos a alejarnos nadando de las olas de disociación que muchas veces se presentan debido a problemas como la depresión, la ansiedad y el estrés. El hecho de centrarnos nos lleva al ahora en el que vive el cuerpo. Y poder acceder a toda nuestra energía es necesario en cualquier tipo de hechizo, porque los trabajos mágicos requieren energía.

Tu centro es similar a una batería. O bien se está cargando, o bien se está descargando mientras haces tu vida. Date tiempo para descubrir qué te da energía. ¿De dónde la sacas? Tus fuentes de energía pueden ser muy variadas: nadar, bailar, permanecer sentado o sentada sin moverte, hacer respiraciones, leer... Y hay otras actividades, como leer malas noticias o pasar tiempo con ciertas personas, que pueden quitártela. Es perfectamente apropiado que reconozcas qué te proporciona o no energía o qué te hace sentir bien. Es especialmente importante que sepas qué personas te dan energía o te la quitan (familiares, amigos, amantes, compañeros de trabajo), porque esto te permitirá decidir cómo y cuándo pasar tiempo con estas personas y qué cantidad de energía ofrecer o gastar en estos contextos.

También puedes acudir a fuentes de energía externas, o actividades estructuradas, para centrarte. ¿Hay algún tipo de música que te tranquilice y renueve? Los sonidos relajantes pueden proporcionar una magnífica manera de sentir la energía en el centro del cuerpo. Si tienes dificultades para entrar en contacto con tu centro o para canalizar tu energía de forma intencionada, podría resultarte útil meditar aunque sea unos minutos al día. La meditación nos permite sentirnos increíblemente presentes en nuestro entorno.

Ten en cuenta que solo tú puedes saber cómo es tu energía, acceder a ella y aprovecharla, ya que forma parte de ti y de nadie más. Como la energía es distinta en cada persona, a cada cual le van bien unos procedimientos para centrarse. Tus diversas energías son especiales, y seguro que no las experimentas de la misma manera que experimentan las suyas los demás. A la hora de centrarte, tu objetivo no tiene que ser sentir lo que sienten otros; tampoco sentir algo muy diferente de lo habitual. Se trata de que sintonices con el mundo y con tu cuerpo y de que accedas a tu capacidad de manifestar tu magia personal.

*Encuentra un lugar privado, cómodo y tranquilo en tu casa, que no esté desordenado. Si este lugar es tu dormitorio, podrías ponerte en un espacio en el suelo o en el centro de la cama. Túmbate y pon la mano izquierda sobre el vientre. Inhala por la nariz y exhala por la boca.*

*Al inhalar, toma mucho aire y siente que el vientre se eleva contra la mano. Al exhalar, presiona ligeramente el vientre con la mano. Los hombros, el pecho y el cuello no deben moverse mientras respiras. Cuando te sientas más a gusto, y manteniendo esta dinámica de respiración, trata de imaginar que sacas toda la energía de las distintas partes del cuerpo y la llevas al centro de la zona en la que se encuentran el corazón y el pecho; o visualiza que tu pecho emite luz, simplemente. A continuación, imagina que tu corazón es una batería y se carga extrayendo energía de distintas partes del cuerpo, como las yemas de los dedos de las manos, los dedos de los pies, la cabeza, etc. Cuanto más cargas tu centro, más centrado(a) estás. Haz este ejercicio cada vez que estés a punto de realizar una tarea importante, como hablar en público, actuar o participar en un evento social o deportivo.*

# Enraizarse

*Enraizarse* significa, aquí, poner los pies en la realidad. El enraizamiento nos ayuda a recordar que somos muy reales y que merecemos reconocer el lugar que ocupamos en este mundo. Esto no quiere decir que el plano terrestre no sea mágico de por sí. La vida es mágica, y debemos reconocer la magia divina de nuestra vida en actos como comer, bañarnos y hacer estiramientos, que son aspectos del enraizamiento. El enraizamiento es una celebración rejuvenecedora del evento que es nuestra existencia. Nos conecta con el elemento tierra y hace que nos sintamos protegidos y estables. La conexión con el mundo físico puede aportarnos alegría y nos permite ver la abundancia de la que ya gozamos, a la vez que vislumbramos con mayor claridad cómo podemos conseguir aún más abundancia. El enraizamiento se puede practicar de muchas maneras; una de mis favoritas es la indulgencia intencionada: por ejemplo, me permito tomar pastel y cerveza inglesa. Los rituales, aun dándonos mucho, pueden dejarnos sin energía, y ofrecernos el alimento que necesita y merece el cuerpo nos aporta un momento de gozo, lo cual es mucho mejor que caer en la apatía debido al cansancio.

Hay personas que deciden que deben estar siempre en el plano astral y usar su gran imaginación para permanecer «flotando». Hay quienes anhelan tanto estar sintonizados o dotados espiritualmente que harían cualquier cosa para lograrlo, como autoconvencerse de que están guiados por el espíritu de la nodriza de Tutankamón mientras visten un caftán y llevan encima suficientes cristales para llenar una piscina de un metro de profundidad. Hay personas que están tan poco enraizadas que es fácil inculcarles ideologías que pueden ser peligrosas para ellas y el mundo que las rodea. Permanecer arraigados en el ámbito mundano nos permite aprovechar al máximo el aquí y ahora. Si bien la reencarnación es una posibilidad real, debemos ofrecerle a esta vida el respeto que se merece estando presentes en ella siempre que sea posible. Nuestra dimensión espiritual debemos explorarla cuando nos sintamos seguros y listos para conectar con ella.

*Encuentra un lugar tranquilo en el que puedas estar solo(a). Siéntate en una silla y apoya los pies en el suelo con firmeza. (Puedes hacerlo sin llevar calzado ni calcetines, si quieres). Cierra los ojos y haz algunas respiraciones profundas, inhalando por la nariz y soltando el aire por la boca. Cuando te hayas tomado unos momentos para enfocarte en la respiración, cierra los ojos e imagina que una fuerza magnética gigantesca tira de ti, hacia el suelo.*

*Comenzando por los pies, imagina que una bola de luz blanca avanza hacia arriba, hasta las rodillas, y que sigue subiendo: llega a la pelvis, al pecho, al cuello y a la base del cráneo. Mientras visualizas cómo esta luz blanca recorre tu cuerpo, imagina que adquieres una mayor estabilidad, como si fueras un árbol y tus pies fuesen raíces que te conectaran con la tierra. Cuando estés visualizando la presencia de la luz blanca en la base del cráneo, imagina que hay una cuerda que, pasando por tu cabeza, tira de ti hacia el cielo. Mientras sientes este tirón, yérguete más. Imagina que están tirando de ti en dos sentidos opuestos: hacia el cielo desde arriba y hacia la tierra desde abajo. Como se dice en los ámbitos de la magia, la brujería y el ocultismo, «como es arriba, es abajo».*

# Blindaje

Está lloviendo mucho fuera, y aunque necesites salir para empezar la jornada, no quieres empaparte y pillar un resfriado. Hay un paraguas junto a la puerta y decides llevártelo, ¿por qué no? Pues bien, protegerse por medios mágicos es muy similar a usar un paraguas en un día lluvioso. El paraguas nos protege de la lluvia, mientras que el blindaje nos salvaguarda de otros aspectos de la realidad. A veces es difícil hallar la paz, y el blindaje puede protegernos de los pensamientos negativos. Tal vez tengas cuestiones muy reales por las que preocuparte, pero la preocupación no te ayudará a avanzar de una manera productiva. Cuando estás tratando de dormir, ¿te ayuda a conseguirlo el hecho de preocuparte por algo que podría ocurrir si se diesen un conjunto de circunstancias que imaginas?

Nuestro cerebro está muy ocupado todos los momentos de todos los días y nos advierte de los peligros potenciales. Pero no siempre es nuestro mejor amigo cuando se trata de filtrar pensamientos o prácticas negativos. Sabiendo esto, le puedes ofrecer al cerebro algunas herramientas para que siga contribuyendo a mantenerte a salvo a la vez que reconoce los pensamientos, las emociones y las prácticas que *no* van a hacerte daño. Las prácticas de blindaje pueden aquietar el ajetreo de tu atareada mente para que puedas contar con una mejor protección. El blindaje le da a tu mente la oportunidad de defenderse sin hacer realmente caso de la complicada serie de mensajes relativos a alguna desgracia imaginada que tratan de imponerse.

Puedes protegerte de los espíritus, las emociones y las energías de carácter negativo con la práctica del blindaje. Tu mente te lo agradecerá. Nos resulta mucho más fácil concentrarnos cuando no estamos siendo objeto de un ataque espiritual. Debemos recordar que cuando algo escapa a nuestro control y no es físico, eso no tiene por qué controlarnos.

Ofrecerte protección es lo mejor que puedes hacer si sientes que el miedo te bloquea o si no tienes claro qué deseas verdaderamente. Si te sientes a salvo te encontrarás en un estado que te permitirá practicar la magia de la manifestación. Tus sentimientos van a manifestar una realidad, y si están vinculados a sucesos, reales o imaginarios, que no te aportan nada, estas energías podrían llevarte ahí. No pasa nada por sentir nervios antes de practicar la manifestación y tener algunos pensamientos negativos sobre lo que podría ocurrir; debes tener presente que estos elementos tienen mucha menos entidad que la declaración de la manifestación mágica. No te aguarda un accidente de coche, no te vas a caer por las escaleras, no vas a sufrir una posesión ni te va a traicionar tu mejor amigo o tu pareja por el solo hecho de que trates de manifestar algo bueno en tu vida. El blindaje es el acto intencionado de decirte a ti mismo o a ti misma que estás manifestando protección en tu realidad. Cuanto más te ofrezcas la manifestación de la protección, más fácil podría resultarte manifestar otras ideas.

*Antes de abordar este ejercicio de blindaje, piensa qué quieres manifestar. ¿Qué importancia tiene para ti? ¿Se trata de algo que quieres sí o sí? Viendo claramente lo que quieres manifestar en tu espacio mental, imagina todas las fuerzas externas que podrían afectarte y distraerte de alcanzar tu objetivo. Ahora imagina que te rodea un círculo de luz azul que crea una barrera alrededor de ti y te separa físicamente del mundo exterior. Esta operación se conoce como lanzar un círculo. Con el dedo índice, puedes «dibujar» un círculo en el aire a tu alrededor, visualizando cómo la luz azul sale de la punta del dedo. Cuando hagas el círculo, di que quieres dejar fuera de él cualquier influencia, espíritu y distracción negativos. Llama a los espíritus guías, las deidades o los ancestros con los que trabajes e invítalos al interior del círculo para que te ayuden con tu práctica de manifestación. Compra un anillo de hematita u otra pieza de joyería de este mineral para que te ayude a protegerte de las influencias externas que podrían interferir en tu proceso de manifestación.*

# Adivinación

La adivinación es una necesidad absoluta antes de intentar manifestar. Nos da la oportunidad de verificar y determinar objetivamente si lo que queremos manifestar es realmente posible. La adivinación es la práctica de buscar un determinado conocimiento a través del uso de la intuición, la comunicación, las capacidades psíquicas, herramientas mágicas y la orientación por parte de espíritus guías y deidades. Durante siglos, la adivinación ha sido un componente clave para la toma de decisiones de las personas, ya se tratase de un rey en busca de consejo antes de una batalla, un granjero que necesitase información sobre el futuro de sus cultivos o un joven deseoso de saber acerca de las posibilidades de tener una relación con la persona amada. Hay muchas modalidades de adivinación que pueden ayudarte a averiguar si tu objeto de deseo es alcanzable y si vale la pena perseguirlo. Considera que la adivinación es la herramienta que te dará la luz verde o la confirmación que necesitas para iniciar el proceso de manifestar tus deseos.

Las cartas del tarot son un punto de partida magnífico. El tarot es un sistema fijo que ofrece respuestas claras y precisas a las cuestiones planteadas. El péndulo es otra herramienta perfectamente apropiada para obtener respuestas a preguntas sobre el resultado de la manifestación. Incorporar la adivinación a tus prácticas mágicas y relativas a la manifestación es algo necesario y útil. Si no recibes ninguna respuesta en tu consulta de adivinación, o si percibes el atisbo de un resultado negativo, haz caso de estos indicios y reconsidera qué querrás manifestar. Podrías preguntarte si lo que quieres manifestar es algo realista, si debería aguardar o si merece que le dediques toda tu energía. Si la consulta de adivinación sobre lo que piensas manifestar revela un mal presagio u obstáculos, o te transmite una advertencia, detente y reflexiona. También es posible utilizar la adivinación para pedir orientación en cuanto a la manera de alcanzar el objetivo. Tal vez no necesites hacer magia, después de todo. A través de la adivinación podrías descubrir que todo lo que tienes que hacer es hablar con una persona en concreto o esperar una determinada cantidad de tiempo antes de conseguir lo que quieres.

La adivinación no se emplea solamente para obtener claridad en las prácticas de manifestación. También se puede emplear para buscar información sobre sucesos futuros, relaciones, oportunidades profesionales y asuntos espirituales. Cuando acudas a la adivinación, piensa que estás recurriendo a una práctica que se está empleando desde hace miles de años, en el contexto de muchas civilizaciones diferentes.

La magia no reside en la baraja de tarot ni en cualquier otra herramienta utilizada para llevar a cabo la adivinación. Reside en la persona. Existen muchas modalidades de adivinación; unas son muy arcanas, mientras que otras son más conocidas. ¿Sientes afinidad con las cartas del tarot? En caso de que no, prueba con el péndulo. Si los péndulos no son lo tuyo, usa dados.

Explora distintos métodos de adivinación para ver cuál te orienta mejor. Puede ser que te atraigan varias modalidades y herramientas. Siéntete libre de explorarlas todas. No te extrañe que acabes combinando prácticas cuando estés más familiarizado con la adivinación. Muchas personas que se dedican a la adivinación utilizan múltiples herramientas en una determinada sesión o lectura. Procede según lo que funcione mejor en tu caso.

# Rituales

Un ritual es una práctica o costumbre cuya ejecución tiene un carácter sagrado. Normalmente se lleva a cabo de forma rutinaria; en este sentido, es similar a los acontecimientos que se enmarcan dentro de una tradición. Un ritual es una manera de provocar un movimiento energético que nos permite entrar en el flujo y avanzar con mayor contundencia hacia la manifestación deseada. No todos los rituales son iguales, y pueden practicarse distintos rituales según el tipo de trabajo o hechizo. Los rituales varían de una práctica a otra, según la fe o la religión que abrace la persona. Y si bien no hay una manera correcta o incorrecta de ejecutar un ritual, sí hay unas reglas y pautas que deben tenerse en cuenta.

Hay ámbitos de manifestación que no requieren un ritual. Si se practica la magia baja, como cuando se crea una bolsa de encantamiento, un talismán o un amuleto, es posible que no sea necesario hacer un ritual de antemano. Normalmente, los rituales se realizan en días concretos que son sagrados para la religión o la corriente espiritual en la que se inscriben, y los hay que se prolongan varios días. Por ejemplo, entre el 13 y el 15 de febrero tenían lugar las fiestas lupercales en la antigua Roma, para celebrar la fertilidad, la renovación y el amor. Esos días se practicaban rituales y hechizos centrados en el amor, el sexo y la fertilidad.

Puedes incorporar rituales a tu vida diaria para potenciar tu práctica mágica. Los rituales no tienen por qué durar mucho; pueden ser tan simples como darse una ducha o encender incienso. Cuando tengas más experiencia, acabarás por tomar varios métodos de ejecución de rituales que incorporarás, posiblemente, a tu tradición personal. Una ducha o un baño ritual, por ejemplo, son muy apropiados para limpiarse antes de ejecutar cualquier acto espiritual o mágico. En la brujería helénica, los baños eran una manera de desprenderse de la miasma (la energía estática debido a la cual somos mortales). Al limpiarnos por medios rituales, adquirimos pureza espiritual y somos dignos de lo divino. Esta limpieza elimina las energías mundanas que se filtran y contaminan físicamente el cuerpo, con las consiguientes afectaciones en los ámbitos emocional, mental y espiritual. El agua es muy mágica, no solo como elemento que nos conecta con el más allá, sino también como eliminadora de impurezas.

Después de una buena limpieza, ponte una ropa que utilices solamente cuando hagas rituales; por ejemplo, una bata, una capa o una camiseta blanca que te vaya grande y unos pantalones de pijama de seda. La comodidad te ayudará a estar más conectada o conectado durante el ritual. A continuación, limpia el espacio, con modalidades de incienso apropiadas para limpiar y proteger. Puedes combinar inciensos para obtener estas propiedades; algunas combinaciones útiles son el olíbano y la mirra, la rosa y la sangre de dragón, y la salvia y la hierba dulce. Muchos brujos y brujas tienen un altar, que es un espacio sagrado. Los rituales pueden consistir en dar ofrendas a los ancestros, las deidades y los espíritus guías con los que se trabaja. Si quieres realizar un ritual con el único fin de obtener conexión espiritual, y no para hacer magia, dedica tiempo a la meditación durante el ritual. Ponle fin dando las gracias a los elementos, los guías, las deidades, los ancestros y los espíritus, y dejando de lado el atuendo con el que te has vestido para la ocasión; así establecerás un límite positivo entre el ritual y el resto de tu vida.

# Después de la práctica

Puede ser que te sientas con poca energía tras haber realizado un hechizo o un ritual. Y la espera para ver si han funcionado las operaciones mágicas puede derivar en impaciencia. Ahora, tienes que cuidar de ti. Come algo apetitoso, plenamente consciente mientras dejas que esta ingesta te enraíce. Toma un baño relajante, enciende una vela o usa una varita de selenita para limpiar tu energía en muy poco tiempo. Se trata de que te recompenses por el trabajo que has hecho por ti. Tienes que sentir que mereces los cuidados prácticos que necesitan tu cuerpo y tu mente; es imprescindible, y forma parte de la manifestación. Tu cuerpo es tu primer punto de contacto con todo, ya sea físico o espiritual. Sé amable con él, nútrelo y vuelve a hacer los ejercicios centrados en la autoaceptación y el amor a uno mismo.

La manifestación es un proceso. ¿Recuerdas lo que dije antes acerca de tener unos objetivos realistas? Ahora es el momento de que enfoques la manifestación de una manera práctica también. Escribe qué puedes hacer para avanzar hacia la consecución de tus sueños con practicidad. Pongamos la música como ejemplo. Si tu manifestación tiene que ver con la música, asegúrate de reservarte tiempo para practicar tu instrumento, buscar la orientación de otras personas y proseguir con el aprendizaje. Si tu manifestación tiene que ver con encontrar un nuevo lugar en el que vivir, busca propiedades que estén en venta, infórmate de los precios, planifica tu presupuesto, etc.

Si tus objetivos son muy grandes, no te desanimes. Anota el principal objetivo que deseas manifestar y divídelo en pasos más pequeños y digeribles que acabarán por llevarte a su consecución. Al mirar lo que has escrito, tal vez tendrás la impresión de que tienes mucho por hacer, pero a medida que avances habrá cuestiones que se resolverán solas, y te sorprenderá ver con qué facilidad superas otras. Si estás buscando el amor, ¿por qué no te descargas una aplicación de citas y haces el primer movimiento? Tal vez te encuentres con rechazos, pero piensa que cada rechazo es un paso adelante, una forma de descartar personas y cosas que no son las mejores opciones: la eliminación de lo innecesario prepara el terreno para la llegada de lo que más te conviene.

Mantén los ojos bien abiertos, porque el universo está tratando de comunicarse contigo en todo momento. ¿Qué números te llaman la atención? ¿Has estado viendo animales poco comunes últimamente? Tal vez has oído campanas o cierto tipo de música en lugares públicos con mayor frecuencia que antes. Algunos fenómenos constituyen advertencias de que evites ciertos caminos o lugares, o incluso a determinadas personas. Presta atención a esas sensaciones viscerales que te indican con claridad qué está ocurriendo. Confía en tu intuición. Anota las señales (los sucesos que parecen producirse en tu entorno mucho más de lo habitual), ya que el universo está tratando de decir algo. Tómate tiempo para registrar cómo te hacen sentir estas señales, puesto que de ahí podrían derivarse nuevas comprensiones.

¿Qué sucede cuando la manifestación funciona? ¿Y si se trata de algo que requiere una labor de sostenimiento? La magia de la manifestación forma parte del proceso continuo de implicación en la magia de la vida. Puedes blindar y proteger la hermosa vida que estás creando a través de rituales continuos destinados a manifestar protección. Puedes establecer nuevos objetivos para ti y puedes ayudar a personas queridas en sus procesos de manifestación ofreciéndote a practicar con ellas. A veces, dar herramientas prácticas y mágicas a otros es una magnífica manera de mantener la propia práctica a la vez que se construye una comunidad de manifestadores poderosos. Por otra parte, la labor de mantenimiento de lo manifestado nos permite reexaminar de una manera significativa nuestros objetivos, deseos y sentimientos. Eres una fuerza manifestadora; recuérdalo.

# CAPÍTULO 4

# Métodos de manifestación

Ha llegado la hora de que nos sumerjamos en los misterios de la manifestación y la magia, es decir, de que saquemos a la luz conocimientos arcanos y expongamos los distintos métodos y prácticas de la magia, la brujería y la manifestación. En este capítulo descubrirás los variados aspectos del oficio, así como las técnicas y herramientas que emplean tanto los brujos y brujas como otras personas que trabajan con la magia. Los métodos y técnicas sobre los que leerás en estas páginas proceden de la culminación de una diversidad de prácticas y rituales que fueron registrados hace muchos siglos, en algunos casos, o que fueron transmitidos oralmente a lo largo de los años, en otros casos. A pesar de tener su origen en ciertas culturas, muchas de estas prácticas se solapan y están en sintonía con otras prácticas y otros credos; la creencia en la magia y la práctica de la misma resuenan en todas las culturas. Aunque los métodos mágicos puedan tener unos nombres específicos, su base son, a menudo, los mismos conceptos básicos, que nos atan a todos, brujos y no brujos, al consciente colectivo.

# Métodos

◇◇◇◇◇◇◇◇◇◇◇◇

Ha llegado el momento de exponer qué relación tiene la manifestación con la brujería y la magia. La mayoría de los rituales, prácticas mágicas, hechizos y ritos que se emplean en la brujería requieren el uso de ciertas herramientas, algunas de las cuales se pueden utilizar solas o en combinación con otra práctica. Por ejemplo, se podría usar un péndulo para que ayude a elegir cartas de tarot en relación con una determinada pregunta. Y hay practicantes que, en determinadas prácticas, sienten la necesidad de lanzar un círculo sagrado antes de realizar un hechizo. En ambos ejemplos, la persona hace un ritual antes de ejecutar otro acto mágico, y cada uno de los dos actos beneficia al otro.

A medida que adquieras experiencia irás viendo qué es lo que funciona mejor en tu caso. Es importante que aprendas tanto como puedas sobre cada práctica antes de adoptarla o de combinarla con otras. Cuando investigues y sientas que conectas con prácticas y herramientas que te parecen muy naturales, también sentirás que no te identificas con ciertas prácticas y rituales. De ninguna manera te fuerces a conectar con ellas aunque aparezcan en este libro. El verdadero objetivo es que desarrolles tus habilidades con los métodos que despierten tu interés y que los domines para utilizarlos en el presente y el futuro. Es mucho mejor que conectes plenamente con unos pocos métodos, artes y habilidades que no que te acerques a todos sin entusiasmo por el solo hecho de que los sientes como una obligación. Recuerda que tu oficio es solo tuyo. Las prácticas que se exponen en las páginas que siguen son las que se usan más habitualmente en el ámbito de la brujería.

# SIGILOS

Los sigilos son unos símbolos que se pintan o se inscriben, y vienen utilizándose desde hace un milenio. Muy empleados en el ámbito de la magia ceremonial, revivieron en el seno de los movimientos ocultistas de los siglos XIX y XX, y adquirieron protagonismo de la mano de Aleister Crowley, ocultista y mago ceremonial inglés. En la Edad Media, los sigilos se usaban para invocar demonios. Son símbolos de magia y poder elaborados por y para el propio mago. Cada sigilo es único y siempre se crea para un propósito específico; está diseñado para que ayude a manifestar algo en concreto.

Una manera de utilizar los sigilos consiste en escribir lo que se desea manifestar; por ejemplo, «COMPRARÉ UNA CASA». A continuación, se tachan todas las vocales y todas las consonantes dobles que contenga la frase.* El último paso consiste en combinar las letras restantes, como mejor le parezca a la persona, en una imagen, un glifo o un símbolo. Así se obtiene un sigilo personalizado para la manifestación en cuestión.

Los sigilos pueden dibujarse con tinta en un pergamino, escribirse en el aire con una varita mágica o una espada ritual, trazarse con tiza en el suelo en el exterior o en un suelo de madera en el interior, o dibujarse en una hoja de papel y ocultarse en un bolsillo o un zapato. Por lo general, los sigilos deben cargarse y liberarse para que cumplan bien con su función. Para cargar un sigilo, pon las dos manos sobre él, cierra los ojos y visualízalo. Aún con las manos sobre el sigilo físico, imagina que estas le transfieren energía; siente cómo le transmiten calor. Una vez que está cargado el sigilo, es hora de liberarlo. Con este fin, destrúyelo: quémalo, rómpelo o sumérgelo en agua. Destruir es activar y, por lo tanto, crear.

---

* N. del T.: En el original inglés, la frase es «I WILL BUY A HOUSE», por lo que hay una consonante doble que tachar.

Además de los sigilos, que pueden considerarse sellos personales asociados a una intención específica, también es útil utilizar símbolos sagrados en las prácticas mágicas. Piensa en el *anj* egipcio (la cruz egipcia) y el ojo de Horus, o en la herradura de la suerte y el trébol de cuatro hojas. Estos símbolos se encuentran en varias culturas y civilizaciones antiguas y pueden representar muchas cosas, desde protección hasta fertilidad y riqueza. Hay símbolos sagrados que se utilizan mucho hoy en día que están imbuidos de siglos de magia ancestral y se han usado en hechizos o como talismanes y amuletos durante milenios. La cruz, por ejemplo, es un símbolo de protección, aunque normalmente se la asocie con la crucifixión. Hay una historia mágica detrás de muchos símbolos cotidianos.

## ALTARES

Hacer un altar, usarlo y cuidar de él puede ser muy relevante en cualquier práctica mágica; puede fomentar increíblemente el aspecto meditativo y el empoderamiento. El altar juega un papel importante en la brujería actual, derivado del uso que se le daba antiguamente en el paganismo como lugar en el que se practicaban la brujería y la magia. Como ocurre con otras herramientas y costumbres del ámbito de la brujería, los altares estaban presentes, y lo están actualmente, en innumerables culturas de todo el mundo, como el paganismo, el budismo o el hinduismo, y los lugares de culto judeocristianos.

Normalmente, los altares son espacios con forma de mesa dedicados exclusivamente a recibir ofrendas o a acoger trabajos de tipo espiritual. Considera que el altar es una manifestación física de tu espacio sagrado. Te proporciona un lugar especial en el que dejar tus ofrendas rituales y en el que conectar con deidades y con tus ancestros. Cuando tengas más experiencia, tal vez te darás cuenta de que es mejor tener altares distintos según los usos; por ejemplo, un altar para conectar con los ancestros, otro para conectar con las deidades con las que trabajes e incluso un tercer altar en el que realizar los hechizos. El hecho de contar con varios altares te permite establecer una separación entre los distintos trabajos mágicos y enfocarte en cada uno de ellos con plena intención. Ten en cuenta que los altares no tienen por qué ser espacios o instalaciones permanentes; es posible configurar un altar temporal para una determinada festividad o celebración o para una deidad específica que se quiera invocar para que aporte su ayuda en un hechizo en concreto.

## MAGIA CON VELAS

Me gusta tanto la magia con velas que le dediqué todo un libro: *Candle Magic for Beginners: Spells for Prosperity, Love, Abundance, and More* [Magia con velas para principiantes: hechizos para la prosperidad, el amor, la abundancia y más]. La magia con velas se inscribe en la categoría de la magia baja y es una de las modalidades de brujería más simples. También es uno de los métodos más sencillos para manifestar lo que sea. Además, ofrece una manera simple y discreta de obrar magia.

En la magia con velas, la vela es la ofrenda y la llama manda la intención al exterior, al universo. El tipo de vela y su color pueden ser específicos para cada propósito; también en función de este se pueden grabar determinadas palabras en la cera o se puede frotar en ella algún aceite esencial. La elección del tamaño, el color y la forma de la vela, así como del hechizo que se va a realizar, son pasos importantes en el proceso de manifestación.

Las velas se han convertido en un elemento básico en la brujería moderna. Su origen espiritual se encuentra en el judaísmo y el catolicismo, lo cual puede resultar atractivo para quienes han sido educados en una de estas religiones. Y las personas a las que les cuesta visualizar pueden encontrar mucho más fácil trabajar con velas en el ámbito de la manifestación, ya que son herramientas tangibles que pueden usarse para representar lo que aún no existe en esta realidad física.

## LIMPIEZA

La limpieza y la protección son procedimientos mágicos increíblemente importantes que tienen un gran efecto. La práctica de la magia y la brujería hace que seamos vulnerables frente a variadas fuerzas externas, ya sean sobrenaturales o no. La magia proyecta una luz que atrae fuerzas externas de todo tipo.

La limpieza se realiza por medio de la fumigación espiritual, que puede consistir en quemar hierbas o incienso, o por medio de actos de limpieza más mundanos, como barrer. El asunto de la limpieza puede parecer algo tedioso, pero el acto de limpiar está imbuido de magia, seamos conscientes de ello o no. Durante siglos, las escobas se han utilizado ritualmente para limpiar espacios negativos y generar protección.

La protección es lo siguiente de lo que debemos ocuparnos, después de la limpieza. Conviene proteger el espacio en el que realizamos los trabajos mágicos o nuestro estado físico o mental. En cualquiera de los casos, la protección se puede obtener colocando cristales (son preferibles el ónix, la turmalina negra, la hematita, la obsidiana o el azabache) en las esquinas de la habitación, en el marco de las ventanas o sobre el marco de la puerta. La sal es otra herramienta de protección maravillosa, fácil de conseguir y extremadamente potente: absorbe y seca la energía estancada; también protege contra los espíritus negativos y las maquinaciones maléficas, los cuales neutraliza. Espolvorea sal en el umbral con fines protectores y para evitar que entren vibraciones, personas y espíritus no deseados; o utiliza selenita, un cristal cuya base es la sal, para cargar otros cristales y limpiar tus herramientas rituales. También puedes llevar sobrecitos con sal en el bolsillo para protegerte.

## MEDITACIÓN

La meditación tiene un papel clave en muchas prácticas espirituales del planeta. En un capítulo anterior vimos una técnica de meditación básica, pero ¿cómo nos ayuda a hacer magia y a manifestar el acto de meditar? Cuando meditamos, somos capaces de liberar la mente del parloteo o los pensamientos interferentes, lo cual nos permite enfocarnos en nuestros objetivos y deseos.

Suele ser mejor y más efectivo meditar justo antes de acostarse o justo al despertarse; esto nos permite centrarnos en nosotros mismos antes de afrontar una jornada en la que recibiremos muchas influencias externas o después de un día en el que hemos experimentado distracciones y preocupaciones. La meditación es importante para los brujos y brujas porque, además de conectarlos con su yo superior, les permite disponer de unos momentos para examinar sus sentimientos y emociones y recuperar la conexión espiritual que a veces se pierde en el curso de las interacciones con otras personas. A medida que avances en tu práctica, muy probablemente verás que la meditación te basta para potenciar tus habilidades en cuanto a la manifestación.

Cuando medites, imagina aquello que quieres manifestar, conserva esta imagen en la mente y concéntrate en ella mientras trabajas con la respiración. Prosiguiendo con la práctica, podrías decir varias veces lo que deseas, como si estuvieses recitando un mantra. Por ejemplo, si tu objetivo es comprar una casa, puedes repetir «voy a comprar una casa, una casa, una casa», todas las veces que te parezca bien. El hecho de repetir una frase tan simple como esta constituye una modalidad básica de manifestación y también es un tipo de hechizo. Las palabras tienen poder.

## EL TRABAJO CON LOS ESPÍRITUS

Todos conectamos con espíritus a diario, lo advirtamos o no. No todos los brujos y brujas y no todos quienes practican la magia trabajan con el mundo de los espíritus específicamente, pero les podría resultar muy útil establecer contacto con este ámbito y buscar ayuda en él.

En primer lugar, veamos qué son los espíritus. No son solo las almas de los fallecidos. Según el sistema de creencias conocido como animismo, residen en casi todo lo que hay en la naturaleza. La creencia de que todo (los animales, un río, la llama de una vela...) tiene un espíritu la albergan sobre todo las culturas y tradiciones nativas americanas, el neopaganismo y religiones como el vudú y la santería.

Puesto que, según el animismo, todo tiene su espíritu, los animales, las plantas y muchos otros tipos de entidades tienen la capacidad de ayudar en varios tipos de magia. Si se trata de asuntos personales o familiares, los espíritus ancestrales pueden echar una mano. Si estás buscando estabilidad económica, puedes llamar a un espíritu o deidad de la tierra.

Podemos comunicarnos con los espíritus usando herramientas de adivinación como las cartas del tarot, la güija o péndulos; y ellos pueden comunicarse con nosotros, también, mandándonos señales y presagios. No todos los presagios y señales que envían los espíritus aparecen como una manifestación o una experiencia sobrenatural; no esperes que el mensaje del espíritu se presente acompañado de un banco de niebla o entre luces parpadeantes. Las señales suelen aparecer en la vida cotidiana y pueden manifestarse de formas muy mundanas, como estas: podrías advertir que el reloj se ha detenido en un número doble como puede ser 11:11 (también se los conoce como números angélicos), podrías oír una canción en la radio con cuya letra te identifiques, podrías encontrar un mensaje significativo en una galleta de la suerte...

Puedes mejorar tu capacidad de comunicarte con los espíritus aprendiendo varios sistemas de adivinación o tomando conciencia de las señales que estás recibiendo. Si descubres que estás recibiendo señales por parte de espíritus, este puede ser el momento perfecto para configurar un altar en el que dejar ofrendas y otras muestras de reconocimiento que potenciarán tu conexión con el mundo de los espíritus. Cuando sientas que has establecido un vínculo o una conexión, puedes invitar a los espíritus a tu círculo o espacio sagrado y usar su energía para que te ayude a manifestar.

# Preparativos

Podría decirse que hemos llegado a una de las partes más emocionantes del oficio de brujo: los trabajos con las manos. La brujería es única entre otras prácticas espirituales en el sentido de que los brujos y brujas pueden influir en los resultados que persiguen, incluso provocarlos, en lugar de depender de la esperanza, la suerte o la ayuda de otros. Los brujos y brujas confían en su instinto, su talento y sus dones naturales, más el concurso de herramientas proporcionadas por la naturaleza, para hacer aparecer lo que desean. Un brujo o una bruja no necesitan someterse a religiones dogmáticas ni depender de otros seres para conseguir lo que quieren; pueden manifestar lo que deseen siempre que mantengan el equilibrio de la naturaleza.

Al empezar a practicar, tienes que recordar unas cuantas cosas. Antes que nada, trata con sumo respeto las herramientas y los elementos que utilices, sobre todo si proceden de la naturaleza (un cristal, por ejemplo), si son elementos vegetales (hierbas frescas, por ejemplo) o si son elementos animales (una pata de conejo, por ejemplo). Es esencial que te informes sobre la historia y los usos de cada herramienta y elemento que vayas a emplear; de esta manera, además de potenciar tus habilidades y mejorar tu desempeño, conectarás con la energía que reside en el interior del elemento o la herramienta en cuestión. Por ejemplo, el romero puede parecer, de entrada, un ingrediente culinario básico, pero se ha empleado para obtener protección durante miles de años y también como sustituto prioritario de otros ingredientes o hierbas mágicos en los hechizos.

Determinar qué es lo que se desea manifestar, reunir las herramientas pertinentes y descubrir la historia que hay detrás de ellas son algunos preparativos esenciales en la práctica de la brujería y la elaboración de hechizos. A continuación encontrarás una exposición, en términos generales, de algunos elementos mágicos necesarios, que cualquier brujo o bruja debería tener a mano. Normalmente, es el mismo brujo o bruja quien los elabora. Pueden crearse para determinados hechizos o con una intención en mente, o, sencillamente, para tenerlos a mano. Si has logrado crear un aceite muy efectivo para atraer dinero, ¿por qué no hacer más cantidad pensando en trabajos futuros? Además, el acto de hacer amuletos, talismanes, aceites, velas, etc., puede ser bastante relajante, lo cual le permite al brujo o la bruja entrar en un estado relajado y meditativo a la vez que prepara el terreno para futuros hechizos.

## ACEITES Y SUSTANCIAS VEGETALES

Hay sustancias vegetales que son extremadamente útiles en la brujería. La relación íntima entre ambas cuenta con una historia interesante a la vez que complicada. Hacia el siglo XVI, se empleaban hierbas para aliviar el dolor del parto, pero como muchos creían, a partir de lo que decía el Génesis, que los dolores del parto eran el castigo que le había infligido Dios a Eva por sus «pecados», se consideraba que el uso medicinal de hierbas y otros productos vegetales era obra del diablo. Entre las doscientas personas, aproximadamente, que fueron acusadas de brujería en Salem en 1692, veintidós eran parteras o sanadoras.

En la actualidad, así como en esos tiempos, la forma más sencilla de hacer una maceración herbaria consiste en sumergir la hierba elegida en aceite de oliva, cerrar herméticamente el recipiente y guardarlo en un lugar fresco y oscuro, como puede ser un armario, durante una o dos semanas. Con este método se pueden hacer fácilmente tantos aceites herbarios como se desee, ya sea usando una sola hierba o combinando varias. Es muy recomendable que tengas a mano estas mezclas en cualquier momento; así no las echarás en falta cuando te propongas realizar hechizos que requieran este tipo de aceites. También puedes comenzar a surtir tu botica de brujo o bruja con algunos elementos vegetales fáciles de encontrar, como albahaca, lavanda, tomillo y semillas de amapola. La miel y la sal son otros dos elementos que es bueno tener en cantidades suficientes, ya que muchos hechizos los requieren.

## BOLSAS DE ENCANTAMIENTO Y BOLSAS GRISGRÍS

Está muy bien que el brujo o la bruja cuente con un puñado de bolsas de encantamiento. Se trata de bolsitas que suelen estar llenas de hierbas, cristales y otros elementos curiosos a las que se ha infundido una intención específica (protección, prosperidad, amor...). Para hacer una bolsa de encantamiento sin complicarte la vida, toma un trozo de tela o fieltro cuadrado pequeño (de unos 10 x 10 centímetros) y pon en el medio las hierbas y otros elementos vinculados con tus necesidades. A continuación tira de las esquinas del cuadrado hacia arriba, acércalas y átalas en el medio con un trozo de cordel. Esta operación, con la que obtendrás una forma de bola, asegurará que los contenidos no se salgan. Alternativamente, puedes meter las hierbas y demás elementos en una pequeña bolsa provista de un cordón. Ten en cuenta que, como en el caso de la magia con velas, cada color y hierba están asociados a algo diferente; por lo tanto, remítete a las tablas de correspondencias que se ofrecen en este mismo libro (página 177 y siguientes) para que te ayuden a obtener la bolsa de encantamiento perfecta. Podrías hacer varias, con contenidos diferentes, para tenerlas a mano ante distintos tipos de circunstancias.

Las bolsas grisgrís también contienen hierbas, cristales y otros elementos, con la finalidad de que brinden protección o de que se les puedan dar otros usos mágicos. El origen de las bolsas grisgrís, sin embargo, se remonta a la palabra yoruba *juju*, que significa 'fetiche' y designa un objeto que contiene poderes mágicos o está imbuido de magia. Las bolsas grisgrís son populares entre los practicantes del vudú y el judú, y se pueden encontrar en Luisiana, Haití y África.

## TARROS DULCES

Los tarros nunca están de más para los brujos y brujas, los tarros dulces sobre todo. Un tarro dulce es una de las modalidades de hechizo más fáciles y es muy divertido hacerlo. La idea es simple: se trata de hacer que alguien muestre un buen talante hacia ti o de endulzar (suavizar) a alguien para poder obtener lo que quieres de esa persona. Contrariamente a lo que se suele creer, los tarros dulces no son solo para el amor. Tal vez el hecho de suavizar a tu jefe pueda hacer que se encuentre más accesible para poder solicitarle un ascenso. Los tarros dulces también se pueden usar para arreglar los conflictos con los amigos o para que ayuden a obtener una llamada de respuesta de una audición o una entrevista de trabajo.

Hay muchas maneras posibles de hacer un tarro dulce. El elemento básico es un tarro de boca normal o ancha. Escribe el nombre completo o las iniciales de la persona a la que quieres endulzar en un papelito. Si conoces su signo astrológico o su fecha de nacimiento, puedes añadirlos al papel como medida adicional, junto con lo que deseas obtener de esa persona. Dobla el papel tres veces hacia ti, métalo en el tarro y luego vierte miel (el jarabe para tortitas también sirve), de tal manera que el papel quede totalmente sumergido. Si quieres, puedes añadir determinadas hierbas con el fin de potenciar el efecto endulzante del hechizo. Una vez que el tarro esté bien cerrado, imagina lo que deseas lograr y agítalo vigorosamente, visualizando que con cada movimiento de agitación esa persona tiene una actitud más favorable hacia ti. Para completar el hechizo, enciende una vela encima del tarro o tenlo cerca de tu cuerpo y agítalo cuando necesites experimentar los beneficios de ese dulzor mágico.

## AMULETOS Y TALISMANES

Todos llevamos encima símbolos de poder a diario sin tan siquiera ser conscientes de ello: collares con cruces, pulseras para el mal de ojo... Símbolos como estos tienen una larga historia en los ámbitos del folclore y la magia. El símbolo del bastón alado con serpientes entrelazadas, que se suele ver en hospitales y edificios médicos, es en realidad el caduceo, el bastón de Hermes, y un antiguo símbolo de la logística. En Estados Unidos, el caduceo se usa como símbolo médico porque se confundió con el báculo de Asclepio, que presenta una sola serpiente, representa la medicina y pertenece al dios griego de la curación.

Para descubrir amuletos y talismanes que puedan potenciar tus trabajos y manifestaciones mágicos e invertir en ellos, compra un buen libro sobre símbolos y simbolismo, como *The Element Encyclopedia of Secret Signs and Symbols: The Ultimate A–Z Guide from Alchemy to the Zodiac* [La enciclopedia de elementos de signos y símbolos secretos: la guía definitiva de la A a la Z desde la alquimia hasta el Zodíaco], de Adele Nozedar. Cuando hayas averiguado cuál es el símbolo asociado a la manifestación que deseas, podrás abastecerte fácilmente de artículos simbólicos visitando la sección de joyería de la tienda de artesanía de tu localidad. Objetos como ojos, campanas y formas de animales tienen funciones y propósitos mágicos, y se pueden incorporar a bolsas de encantamiento, usarse en frascos de hechizos o llevarse encima como amuletos y talismanes. Si deseas suerte y que se cumpla un deseo, por ejemplo, podrías llevar contigo, o llevar puesto, un dije de espoleta. Encuentra tus símbolos de poder y llévalos con orgullo.

## FETICHES Y MONIGOTES

Encontramos monigotes y muñecos en las prácticas de magia y brujería de todos los lugares del mundo; este uso se remonta a muy atrás en el seno de numerosas civilizaciones. Pero entre todas las herramientas que contiene el arsenal del brujo, los monigotes y los fetiches son probablemente las menos comprendidas. Durante mucho tiempo se ha creído que los brujos y brujas hacen muñecos similares a personas concretas con el fin de ocasionarles daño. Este uso dañino de los muñecos se presupone especialmente en quienes practican la «magia negra» y el vudú. Pero esta idea no es más que propaganda colonialista basada en estereotipos raciales. Como he mencionado anteriormente, un fetiche es una figura que ha sido cargada con propiedades mágicas, de manera similar a como se hace con un talismán o un amuleto, con la diferencia de que, a veces, el fetiche incorpora un espíritu. Los fetiches son herramientas muy utilizadas por quienes creen en el animismo. La imagen del espíritu que se ve en el espejo mágico de la reina mala de la *Blancanieves* de Disney es un ejemplo muy extremo, pero correcto, de fetiche.

Un monigote es un muñeco que por lo general está hecho de tela (no siempre es así). A veces se lo viste y modela para que se parezca a una persona en concreto en la que quiere influir el brujo o la bruja. Al monigote se le pone un nombre y es alimentado, bendecido y cargado. Como ocurre en la magia simpática, uno de cuyos principios es que lo similar afecta a lo similar, el hecho de cuidar del monigote puede sanar a la persona o estimular su deseo, por ejemplo; también puede crearle dificultades, si esta es la intención de quien practica el hechizo. Se puede hacer un monigote simple con trozos de tela o una camiseta vieja; en este caso, cuentas con dos opciones: puedes recortar la forma de una persona, coserla y meter dentro hierbas y relleno de algodón, o puedes hacer un muñeco de trapo. Como en el caso de los tarros dulces, es bueno que tengas monigotes a mano para cuando quieras darle un empujoncito extra a alguien o para cuando un amigo o familiar necesite sanación.

## EL TRABAJO PSÍQUICO

¿En qué piensas cuando oyes la palabra *psíquico*? Por desgracia, este término tiene asociados más estigmas negativos que la palabra *brujo(a)*, incluso. Hay quienes la asocian con charlatanes y estafadores. El caso es que, si bien hay muchas personas que estafan a los demás, también hay muchas que tienen verdaderas capacidades psíquicas. *Psíquico* es un término general que incluye multitud de categorías y dones.

Un psíquico es alguien que tiene los sentidos agudizados y está más en sintonía con el mundo. Algunas personas albergan múltiples dones, mientras que otras tienen una conexión más fuerte con uno solo. Voy a presentarte lo que me gusta llamar los *claris*; designo con este nombre a quienes tienen unos dones psíquicos e intuitivos elevados que activan y hacen vibrar un sentido específico. Los clarividentes pueden tener visiones o premoniciones que normalmente tienen que ver con el futuro. Los clariaudientes pueden oír mensajes. Los clarisintientes reciben mensajes a través del tacto. Los claricognitivos tienen una forma de tener conocimientos que no tendrían si no dispusiesen de esta capacidad. Los clarigustativos pueden saborear cosas que no están físicamente allí, como un dulce favorito de la infancia. La percepción psíquica de los clariolfativos es olfativa. El clarigusto y el clariolfato se dan sobre todo en personas que practican la mediumnidad o la nigromancia, o que trabajan con espíritus.

Todo el mundo puede tener algunas capacidades psíquicas, pero el grado de sintonía con estas capacidades varía mucho entre los individuos. Quienes están conectados con sus dones pueden encontrarse con que algunos de ellos actúan conjuntamente con otros. Las variadas facultades *clari*, por ejemplo, no necesariamente se manifiestan solas. Es posible que hayas experimentado uno o más de estos dones. Tal vez vislumbraste algo en la casa u oíste algo justo cuando estabas a punto de dormirte.

Como escribe Paul Huson en su libro *Mastering Witchcraft* [El dominio de la hechicería], «en el momento en que pones un pie en el camino de la brujería, suena una llamada en el mundo invisible para anunciar tu llegada». No todos los brujos y brujas se consideran psíquicos o usan habilidades psíquicas, pero muchas de las personas que practican la brujería acuden a algún método de adivinación, usan la intuición o trabajan con espíritus. Todas estas prácticas están incluidas en la categoría de lo «psíquico». Cuando te familiarices con la práctica de la brujería, te sentirás cada vez más atraído hacia el ámbito de lo sobrenatural. Con el tiempo, tu intuición llegará a estar muy desarrollada y encontrarás mensajes por doquier.

Una buena manera de potenciar la intuición es usar un mazo de cartas de oráculo. A diferencia del sistema fijo que son las cartas del tarot, las cartas oraculares nos permiten apoyarnos en el instinto. ¿Qué te dice la carta? ¿Qué revela en relación con la pregunta que has formulado? Respira hondo y explora las diversas respuestas que surgen en tu interior. Anota en un cuaderno, en cada caso, qué pregunta has efectuado, qué carta te ha salido y qué respuesta has recibido, para poder reflexionar al respecto más adelante. Toma nota de cualquier cambio que se produzca, ya que esto te ayudará a distinguir la realidad de la ficción, así como a confirmar tus capacidades.

# Deidades mágicas

No todos los brujos y brujas trabajan con las deidades, pero hay muchos que sí lo hacen. Las deidades son más que seres omnipotentes que residen por encima de nuestro mundo: son los mismísimos arquetipos en los que nos vemos a nosotros mismos y los arquetipos que debemos invocar para realizar ciertos trabajos mágicos. Son viejos guías que constituyen una manifestación de la conexión de la humanidad con la tierra y con lo sobrenatural.

Trabajar con las deidades no solo mejorará tu magia y te ayudará a manifestar, sino que también contribuirá a que conectes con tu yo superior y a que ganes conocimiento espiritual. Hay una cantidad de deidades innumerable. Hay historias conocidas sobre el origen de muchas de ellas, a las que se dedican cultos; también cuentan, individualmente, con una tradición de adoración. Pero no te sorprendas si encuentras información contradictoria sobre una deidad dada si investigas sobre ella. Debes saber que no hay una sola manera correcta de trabajar con una deidad en concreto, por lo que es importante que no permitas que nadie te presione para que trabajes con una deidad de una determinada manera. Si deseas explorar la forma de conectar y trabajar con espíritus y deidades, un buen punto de partida es el libro *Encyclopedia of Spirits*, de Judika Illes.

La siguiente lista de deidades y sus asociaciones mágicas puede resultarte útil para tu práctica. Esta lista constituye una parte minúscula de la enorme cantidad de deidades asociadas con la magia a lo largo y ancho del planeta. Cuanto más te informes sobre las deidades que llamen tu atención, más conectarás con ellas. Ten en cuenta, por otra parte, que la conexión con una deidad no tiene por qué producirse como una manifestación visual. Por ejemplo, es posible que la diosa Diana no se aparezca ante ti de cuerpo entero cuando la invoques, pero puede ser que veas gatos más a menudo o que te encuentres con imágenes de ciervos y perros, que son los animales sagrados para ella. Las deidades se hacen notar de una manera u otra.

**Hécate/Hékate:** diosa griega de los cruces de caminos, la brujería, la luna y la nigromancia. Es una diosa popular entre los brujos y brujas. Presta su ayuda en los hechizos y rituales y también asiste en el dominio de la práctica de la brujería.

**Isis/Auset:** diosa del antiguo Egipto de la magia, la maternidad y la protección. Es conocida como la diosa de los diez mil nombres y se le han atribuido características de muchas otras diosas.

**Thot:** deidad del antiguo Egipto de la magia, la sabiduría y la luna. Se le asocia con el griego Hermes y puede ayudar en la creación de hechizos, la escritura y la formulación de manifestaciones.

**Diana:** diosa lunar romana. Es conocida por ser la madre de las brujas en la brujería italiana (la *stregheria*). Se la asocia a menudo con la diosa griega Artemisa y es la hermana de Apolo. Diana puede prestar su ayuda en la magia lunar y también en los trabajos centrados en la protección, la fertilidad y el parto.

**Ceridwen/Cerridwen:** hechicera y diosa de la poesía celta. Ceridwen presta su ayuda en todo tipo de tareas creativas y se la puede invocar en los hechizos centrados en la renovación y el cambio.

**Circe:** diosa griega de la magia. En la antigüedad, se la consideraba la primera bruja. En algunos mitos, es la hija de Hécate, mientras que en otros su padre es Helios, el dios del sol. Invócala cuando quieras mejorar tus habilidades en el uso de las hierbas y otros productos vegetales y cuando quieras trabajar con magia glamurosa.

**Pasífae:** hermana de Circe, madre del minotauro y diosa menor de los oráculos y la adivinación. Presta su ayuda en los hechizos que tienen que ver con la justicia y en la adivinación.

**Heka:** *Heka* era la palabra utilizada para designar la magia en el antiguo Egipto; también era la magia personificada. Por lo tanto, Heka puede ayudar con todos los tipos de magia. Heka es también una deidad de la sanación, puesto que magia y medicina eran lo mismo para los antiguos egipcios.

**Bucca:** se le considera el padre de las brujas en la brujería tradicional. También se le ha llamado Pan, Puck y Poucka. Además, se le asocia con los dioses celtas Cernunnos y Herne. Llámalo para mejorar tus destrezas como brujo o bruja y para hacer más profunda tu conexión con la tierra y la naturaleza.

# Tarot

Las cartas del tarot, los arcanos mayores sobre todo, hace tiempo que cautivan la imaginación de muchos, brujos y no brujos. La primera carta de la baraja es *le Mat*, también conocido como *el Loco* en variaciones modernas, un personaje inocente y despreocupado que se aventura en el mundo albergando la mayor de las esperanzas. Y la última carta es *le Monde* (el Mundo); tradicionalmente, se representa a una mujer bailando dentro de una corona de flores, rodeada de cuatro seres que encarnan los cuatro elementos esenciales de la creación (es decir, la tierra, el aire, el agua y el fuego). Esta carta indica plenitud y unión con el cosmos.

En 1909, Rider Company publicó la que es probablemente la baraja de tarot más utilizada y reconocida. La mayoría de las personas que practican magia están familiarizadas con los dibujos de Pamela Colman Smith, la ilustradora de la baraja de tarot de Rider-Waite, muy empleada. Colman siguió las indicaciones del famoso ocultista A. E. Waite, quien recibió su formación en la Orden Hermética de la Aurora Dorada (Golden Dawn). Antes de la aparición de la baraja de Rider-Waite-Colman-Smith, las cincuenta y seis cartas correspondientes a los arcanos menores incluidas en una baraja convencional no mostraban las imágenes que muchos estamos acostumbrados a ver. En cualquier caso, el diseño moderno de Colman y Waite ha funcionado extraordinariamente bien, ya que proporciona una escena en la que enfocarse al realizar la lectura. Las cartas del tarot pueden emplearse de múltiples maneras, en función de cuál sea la intención de quien las lee. Pueden utilizarse para adivinar sucesos futuros, manifestar deseos secretos y un largo etcétera.

Una forma de leer las cartas del tarot consiste en elegir intencionadamente una carta específica relacionada con la cosa o situación que se desea manifestar. ¿Quieres manifestar un nuevo vehículo de transporte? Bien, hay una carta perfecta para ello: el Carro. ¿Quieres tener muchos hijos? Lo apropiado sería trabajar con la carta de la Emperatriz, pues contiene todas las imágenes pertinentes relativas a la maternidad y la fertilidad. Si estás familiarizado con las artes mágicas, podrías plantearte incluir otras correspondencias potentes para imprimir una energía extra a tus hechizos.

En las lecturas de tarot pueden incluirse velas, hierbas, piedras preciosas, sigilos y palabras intencionadas para obtener un ritual tremendamente efectivo para manifestar los deseos. Elige cuidadosamente los elementos con los que vas a trabajar y coloca la carta de tarot pertinente en la parte central delantera del altar para atraer una poderosa asistencia arquetípica. Como dice Paul Huson en *Mastering Witchcraft* [El dominio de la hechicería], hay «poderes dentro de la mente profunda de todos nosotros, arquetipos junguianos si queremos llamarlos así, que pueden invocarse para aportar cierto poder a los rituales». El tarot es más que una herramienta que revela el futuro; también puede ayudar a manifestarlo.

# CAPÍTULO 5

# Cuestiones a tener en cuenta al hacer magia

Creo que he dejado claro que la magia y la manifestación son prácticas bastante simples. No necesitamos una gran cantidad de elementos caros ni tener una tonelada de velas encendidas alrededor mientras removemos un gran caldero. La brujería es personal y diferente para cada individuo que la practica. Si los rituales propiamente dichos no son lo tuyo, ten en cuenta los días, las horas y los colores en tus trabajos, para practicar mejor el arte de la brujería y tener más probabilidades de manifestar con éxito de formas más sutiles. En este capítulo descubrirás cuáles son algunos de los mejores momentos en los que hacer magia y también obtendrás información sobre las funciones esotéricas de los elementos, los colores, las estaciones, los números, etc. ¿Cuándo es el mejor momento para lanzar un hechizo? ¿Qué día debes encender la vela del dinero que has elaborado? Aquí encontrarás las respuestas.

# Las fases de la luna

El ser humano ha asociado la luna con la magia desde tiempos inmemoriales. En el antiguo Egipto se asociaba la luna con Thot, el dios de la sabiduría y la magia. Dos de las diosas principales de la religión y la mitología grecorromanas, Hécate y Diana, no son diosas lunares solamente, sino que también se las considera protectoras de las brujas. En el tarot, la carta de la Luna representa el misterio y lo desconocido. En Europa, desde la época medieval hasta el siglo XVII se sospechaba que las brujas se reunían en lo profundo del bosque para bailar y realizar rituales, en lo que se conocía como *sabbat*. Estas especulaciones y prácticas perduraron y resurgieron en el Nuevo Mundo.

Se dice que la luna rige las mareas, así como la salud mental y el sistema reproductivo femenino. La luz que arroja nos guía mientras navegamos a través de la oscuridad. Hay trece meses lunares, que, a veces, son tomados en consideración por los grupos de brujos y brujas y celebrados en lo que llaman *esbats* (palabra derivada del término francés *esbattre*, que significa 'divertirse', 'juguetear'). No son momentos en los que celebrar rituales necesariamente; también se puede socializar sin más o realizar hechizos personales. Los *esbats* se suelen celebrar una vez al mes o cada dos meses, según si se tiene muy en cuenta el calendario lunar o no tanto.

Muchos brujos y brujas basan sus hechizos y sus trabajos de manifestación en las fases lunares; así lo tienen más fácil para coordinar y planificar sus hechizos y rituales. Es apropiado hacer los trabajos para la abundancia y la prosperidad en el período de luna creciente; la luna menguante es preferible para los hechizos destinados a desterrar algo o generar protección. Algunos brujos y brujas consideran que la luna llena es una fase de «barra libre», ya que es un momento de inmenso poder. La luna juega un papel muy importante en religiones neopaganas como la *wicca*; en ellas, los rituales suelen distribuirse según el calendario lunar, atendiendo a la luna llena sobre todo. Se considera que la luna es un aspecto de la Diosa, una figura central en la *wicca* que generalmente es personificada como una diosa triple: la doncella, la madre y la anciana. Esta personificación habla de las distintas fases lunares y las diferentes fases del crecimiento humano.

Vamos a explorar ahora las distintas fases lunares, los atributos y energías mágicos que conllevan y cuáles son los hechizos y rituales apropiados en cada fase. Ten en cuenta que, si bien trabajar con la luna hace que los hechizos reciban un fuerte impulso, no es necesario que sincronices toda tu vida con ella o que programes estrictamente tus actividades en torno a ella. Por otro lado, si quieres estar más en contacto con los ciclos, te aconsejo que descargues una aplicación que te permita estar al tanto de las fases lunares. Si te «has perdido» la luna llena, no te preocupes; su poder dura tres días: el día de luna llena marcado en el calendario, el día anterior y el día posterior. Después del plenilunio, la luna mengua (la parte iluminada se va haciendo más pequeña) y a continuación crece (la parte iluminada se va haciendo mayor).

**Luna nueva:** representa la iniciación, los nuevos comienzos y el crecimiento emocional. Esta fase lunar es ideal para realizar hechizos destinados a manifestar viajes o nuevos ingresos, una nueva profesión, una nueva relación, nuevas aventuras o un cambio.

**Luna creciente:** esta fase, llamada también «luna brillante» o «crecimiento hasta la fase llena»,* es perfecta para los hechizos de amor, manifestar un matrimonio, la fertilidad, la suerte y el éxito. Es un momento potente para

---

* N. del T.: Traducción literal del original inglés. No parece que estas formas alternativas de denominar la luna creciente existan en castellano.

elaborar objetos mágicos que fomenten la atracción y tarros dulces.

**Luna llena:** conocida como el «*sabbat* de las brujas» (*esbat*), esta fase es apropiada para la purificación, los hechizos que tienen por objeto una renovación, la magia sexual, la adivinación, la mejora de las capacidades psíquicas, el trabajo con espíritus, atraer el amor, los maleficios y maldiciones, la justicia, el empoderamiento femenino, la veneración de los ancestros y el cumplimiento de deseos.

**Luna menguante:** la luna menguante determina un período de terminaciones, por lo que presenta la oportunidad de realizar hechizos para sanar, desprenderse de viejos hábitos, librarse de enemigos o relaciones tóxicas y evitar la enfermedad y la muerte.

**Luna oscura:** la luna oscura o luna negra tiene lugar justo antes de la luna nueva (que supone el primer día del ciclo lunar; es la primera aparición de la luna creciente). La noche en que la luna está oscura (no se ve en absoluto en el cielo) es sagrada y está asociada a Hécate. Es un buen momento para trabajar con los espíritus, la adivinación, los hechizos relacionados con la justicia, hacer que cambie la suerte, romper hechizos, contrarrestar la magia, los viajes astrales y los hechizos de atadura o de traba.

Hay deidades, hierbas, plantas, cristales y piedras asociados a la luna. Si se combinan con determinadas fases lunares a la hora de realizar los hechizos, el potencial de manifestación puede aumentar.

**Deidades lunares:** Thot, Hécate/Hékate, Diana, Artemisa, Selene y Khonsu.

**Cristales y piedras lunares:** piedra de luna, perla, cuarzo, selenita, cuarzo ahumado, cuarzo transparente, nácar, turmalina negra y cianita negra.

**Hierbas y plantas lunares:** todas las flores que se abren de noche, el loto, el sándalo, la manzanilla, las setas, la amapola, la hierba de san Juan, el nenúfar y la calabaza.

# Estaciones

◇◇◇◇◇◇◇◇◇◇◇◇

Las estaciones son la prueba viviente de que hay magia en la Tierra y tienen un papel muy importante en nuestra vida, seamos conscientes de ello o no. Cada estación tiene su energía, y podemos aprovechar dichas energías en nuestra práctica. Muchas festividades tienen que ver con una estación en concreto y con cambios estacionales de los que hablaremos más adelante, en este mismo capítulo.

Siglos atrás, las personas se acurrucaban alrededor de un fuego durante los meses fríos abrigadas con pieles; así se calentaban. En este escenario, contaban historias, manifestaban que sobrevivirían al duro invierno y soñaban con la llegada de la primavera. En la actualidad, conservamos esta tradición en cierto modo: conversamos con la familia y nos mantenemos calientes mientras hacemos planes impregnados de esperanza para la primavera. La magia de las estaciones no es algo que atañe a los brujos y brujas solamente: hace milenios que ejecutamos rituales con el fin de propiciar y honrar cada estación. Si te diriges a una tienda de dulces durante la primavera, seguramente verás conejitos y huevos de chocolate, imágenes que nos recuerdan que es tiempo de renovación y cambio y nos ayudan a manifestarlos.

## INVIERNO

Este es un período de introspección y descanso. El invierno es la estación perfecta para hacer examen de conciencia y manifestar sanación de diversas maneras; esto incluye potenciar la salud mental y la claridad. ¿Tienes amigos o familiares tóxicos o que te impiden alcanzar tus metas? Aprovecha las cualidades de esta estación y congélalos. El invierno es un período de independencia y fuerza, y también nos invita a soltar. Usa las cualidades enfriadoras del invierno para erigir barreras de protección y congelar la energía y los espíritus negativos. Prepara una buena infusión de hojas sueltas, bien caliente, y lee en las hojas lo que te deparará el futuro al final del invierno. No hay mejor momento para manifestar unos días mejores y más brillantes.

## PRIMAVERA

La primavera está marcada por la antigua festividad germánica Ostara o Ēostre, nombres que corresponden a los de la diosa de la primavera y la renovación. Este es el período apropiado para limpiar y eliminar toda mala energía que haya en tu vida. La limpieza no es solo una tarea mundana; el acto psíquico también acaba con las energías no deseadas que puedan seguir ahí. Limpia las ventanas y el suelo de las estancias con agua y sal, quema un poco de olíbano o sangre de dragón y practica la fumigación espiritual en tu hogar y en tu espacio. Descorre las cortinas, abre las ventanas y deja que entre la luz.

El período primaveral es apropiado para manifestar nuevos comienzos. Esta es la mejor estación para realizar hechizos que promuevan la fertilidad, el amor y la pasión, así como la abundancia y la prosperidad económica. Manifiesta y potencia la atracción de un compañero o compañera de vida en concreto haciendo y rociando un poco de agua de Venus (página 133), o planta romero en el jardín para obtener protección. Conecta con la naturaleza paseando por ella, visitando un parque de tu localidad y leyendo sobre la flora y la fauna locales. Aprovecha el poder de la primavera para desterrar lo viejo y atraer lo nuevo. Viste de rosa y amarillo para incrementar el poder de esta estación. Incorpora imágenes de huevos, conejitos, corderos y flores.

## OTOÑO

El otoño es el tiempo de la cosecha. Se acerca el invierno y debemos preservar todo lo que hemos plantado. En este período, es apropiado atar cabos sueltos. Piensa en todo lo que quieras conservar en tu vida. Es muy recomendable realizar hechizos de protección en esta estación.

El otoño también está asociado a la muerte y los finales. Es recomendable erradicar la negatividad, la enfermedad y la malevolencia en este período. Asimismo, se recomienda trabajar ahora con los espíritus, ya que el velo entre los mundos se hace cada vez más delgado, proceso que culmina el 31 de octubre. Este día, el velo es más fino que en cualquier otro momento del año y se celebra el Samhain o Año Nuevo de los brujos.

Acudir a la adivinación es otra magnífica manera de conectar con las energías del otoño. Al cerrarse un capítulo, se puede utilizar la adivinación para ver qué depara el futuro. Mejora tus habilidades en este terreno trabajando con el tarot, las runas, cartas oraculares o herramientas similares. Intenta conectar con espíritus guías o pídeles ayuda. Trabajar con espíritus o deidades del inframundo o la luna también debería dar buenos resultados en esta estación. Y no olvides mostrar reconocimiento a tus seres queridos y ancestros fallecidos, ya que podrían estar enviando mensajes a través del delgado velo.

## VERANO

Este es un período especial del año que no es mágico para los brujos y brujas solamente, sino que también lo es para los niños en edad escolar, las familias, los veraneantes, los entusiastas de los deportes al aire libre y prácticamente cualquier persona que no sienta una aversión extrema hacia el sol. Las lluvias probablemente han cesado, el frío del invierno se ha ido y tanto los humanos como los animales pueden por fin salir del entorno seguro y confortable en el que habitan para encontrar la alegría bajo los cálidos rayos del sol.

Los brujos y brujas tienen muchas maneras de conectar con la energía de esta estación brillante y jovial. Probablemente las celebraciones más importantes, tanto para los brujos como para los paganos, sean las que tienen lugar el primer día del verano y en el solsticio de verano,[*] en que tenemos el día más largo y la noche más corta del año. El sol está más fuerte que nunca en este momento; por lo tanto, aprovecha la energía de este día para manifestar sanación, abundancia y amor.

# Días y momentos del día

◇◇◇◇◇◇◇◇◇◇◇◇◇◇◇◇

Así como podemos trabajar con la magia de las cuatro estaciones, también podemos planificar nuestras manifestaciones atendiendo a los siete días de la semana. Además, en cada

---

[*] N. del T.: En el sistema de referencias en que se sitúa el autor, «el primer día del verano» es el día de San Juan.

día dado hay unos momentos apropiados para hacer magia; algunos son adecuados para atraer, mientras que otros lo son para alejar. Cuando el sol sale por la mañana, es una gran ocasión para establecer las intenciones para ese día y para plantar las semillas de lo que se desea (o, más concretamente, del objeto o escenario que se quiere manifestar). Cuando el sol esté en su apogeo, sírvete de la potente energía del orbe solar para solidificar tu deseo, es decir, para convertirlo en algo más tangible y real. Y como el sol poniente tiene que ver con los finales, incluidos los provocados por nosotros mismos, este es un buen momento para soltar lo que ya no nos sirve.

## LOS DÍAS

Los días de la semana también nos dan la oportunidad de aprovechar distintos tipos de energía, lo cual hace que nuestros hechizos y manifestaciones presenten una mayor coherencia con el mundo natural.

**Lunes.** *Lunes* deriva de [*dies*] *Lunae*, '[día] de la luna', en latín. El lunes es un día magnífico para honrar a nuestro dios o diosa lunar favorito(a) y para mejorar nuestra relación con la luna y con nuestro yo espiritual. Utiliza la energía del lunes para los trabajos relacionados con la salud de la mujer, la fertilidad, la maternidad, la menstruación, la veneración de los ancestros, las amistades femeninas, el embarazo, las visiones, los sueños, el desarrollo psíquico, la intuición, la adivinación, el sueño apacible, el perdón, la sanación, la proyección astral, los viajes astrales, la elevación de la conciencia, la purificación, la clarividencia, los animales nocturnos, las profecías, la reconciliación, el latrocinio, la protección, el ámbito doméstico y el hogar, y la terapia.

**Martes.** *Tuesday*, 'martes', en inglés, deriva de Tyr, el nombre de un dios nórdico, y está asociado con la justicia y el equilibrio. También está asociado al dios y planeta Marte.[*] Este día es el indicado para relacionarse más con lo masculino y para realizar hechizos y trabajos destinados a fomentar el valor, la vitalidad y la fuerza. Es el momento perfecto para obrar magia relacionada con la justicia y con los asuntos legales.

**Miércoles.** *Wednesday*, 'miércoles', en inglés, deriva de *Wodenaz's day*, 'día de Wodenaz'. También se conoce a este día como el «día de Odín», en honor del dios nórdico del conocimiento y la sabiduría. Asimismo, es el día de Mercurio.[**] Por lo general, es el período indicado para trabajar con la magia y los hechizos relacionados con los viajes, la comunicación, el transporte, el arte, el teatro, el entretenimiento, los cambios, la suerte, los juegos de azar, la fortuna, el lujo, la riqueza y la creatividad.

**Jueves.** *Thursday*, 'jueves', en inglés, debe este nombre al dios nórdico Thor. El jueves también es el día de Júpiter.[***] El jueves es muy indicado para llevar a cabo actos de manifestación que tengan que ver con el liderazgo, los ascensos, las figuras públicas, la autoridad, el logro, el fomento de la prosperidad, la potenciación de la notoriedad y la influencia, las ganancias materiales, las subvenciones, la hegemonía y el control de las situaciones.

---

[*] N. del T.: El término español *martes* deriva de [*dies*] *Martis*, '[día] de Marte', en latín.

[**] N. del T.: Wodenaz era un antiguo dios, protogermánico, de la guerra y los magos. El término español *miércoles* deriva de [*dies*] *Mercuri*, '[día] de Mercurio', en latín.

[***] N. del T.: El término español *jueves* deriva de [*dies*] *Jovis*, '[día] de Júpiter', en latín.

**Viernes.** *Friday*, 'viernes', en inglés, debe su nombre a la diosa nórdica Freya. El viernes es el día de Venus* y la ocasión en la que manifestar amor y romanticismo. Este día puedes centrarte en atraer y mejorar relaciones, así como en potenciar tu autoestima. Los viernes son muy propicios para los baños y limpiezas rituales.

**Sábado.** *Saturday*, 'sábado', en inglés, es el día de Saturno.** Es el día de los finales, las eliminaciones, los maleficios, la liberación respecto de la energía negativa, el crecimiento personal y la disciplina; también es el momento propicio para acabar con malos hábitos y para establecer o romper límites.

**Domingo.** *Sunday*, 'domingo', en inglés, es el día del sol.*** Este día está dedicado a las deidades y energías solares. Es un momento propicio para la magia relacionada con el desarrollo, la promoción, la iluminación, el estudio, el conocimiento, la sabiduría, los exorcismos, la salud en general, la riqueza, el impulso empresarial, los logros en el terreno de la política, la popularidad, la prosperidad, la confianza y la fama.

## FESTIVIDADES

Dentro de la brujería y el paganismo hay muchas festividades antiguas que se siguen celebrando con el fin de honrar las distintas facetas de los movimientos crecientes y menguantes del año. Esto incluye días en los que honramos a

---

\* N. del T.: El término español *viernes* deriva de [*dies*] *Veneris*, '[día] de Venus', en latín.

\*\* N. del T.: El término español *sábado* tiene su origen en el término hebreo *sabbat*, que designa el día de descanso obligado de la tradición judía.

\*\*\* N. del T.: El término español *domingo* deriva de [*dies*] *dominicus*, '[día] del Señor', en latín.

determinados espíritus y deidades. Se exponen a continuación las principales celebraciones que se suelen hacer en las prácticas de brujería, para que puedas sumarte a ellas con el fin de satisfacer mejor tus necesidades en cuanto a la manifestación. Si te interesa la *wicca*, podrías seguir su rueda del año, que es un ciclo de festivales anual.

**Solsticio de invierno / Yule (21 de diciembre):** el día más corto y la noche más larga del año. En la *wicca* y el druidismo celta, este día conmemora la muerte del dios astado. Los griegos y los romanos lo celebran como el día en que Perséfone regresa al inframundo con su esposo Hades/Plutón.

**Día de Año Nuevo / calendas de enero (1 de enero):** enero lleva el nombre del dios Ianus de la antigua Roma (Jano). El primer día de este mes está asociado a los nuevos comienzos. Recibe el año nuevo con hechizos destinados a promover la abundancia, la felicidad y el éxito.

**Noche de Walpurgis / víspera de mayo (30 de abril):** originalmente, esta festividad se celebraba para potenciar la protección contra los actos de brujería y las maldiciones. Posteriormente, brujos y paganos la han recuperado como la ocasión en la que las brujas vuelan al *sabbat*. Esta fiesta se suele celebrar junto con Beltane.

**Noche de san Juan (23 de junio):** esta es una ocasión para las bendiciones y la renovación. Aprovéchala para limpiarte y limpiar tus herramientas. En el vudú de Nueva Orleans es tradición recibir un «lavado de cabeza», práctica similar al bautizo vudú que hace que la persona se sienta renovada y regenerada.

**Equinoccio de otoño / Mabon (22 de septiembre):** también conocido como el día de acción de gracias de las brujas, esta es una ocasión en que se celebra la abundancia. Se agradecen los regalos de la tierra y se conecta con la fauna, la flora y los espíritus de la naturaleza.

**Samhain (31 de octubre):** esta es una de las mejores ocasiones para hacer magia y realizar trabajos de manifestación. Se pueden llevar a cabo rituales de cualquier tipo en estos momentos, si bien deberían incluirse el trabajo con los espíritus y la adivinación, puesto que el velo que separa este mundo del más allá está más fino que nunca.

## HORAS Y MOMENTOS

Como ocurre con los días y las festividades, hay ciertos momentos y horas cargados de una energía potente de la que podemos servirnos en los trabajos de magia y manifestación. Todos hemos tenido el impulso de formular un deseo al ver que son las 11:11 horas. Hay quienes dicen que este tipo de números dobles son números angélicos. Yo creo que nos conectan con ese espacio liminar que hay entre este mundo y el más allá. Para los practicantes más avanzados, ciertos momentos guardan relación con determinados planetas. Presento a continuación algunos lapsos temporales y horas especiales que puedes elegir para tus trabajos mágicos.

**Amanecer:** saluda al día con una meditación matutina. En estos momentos, los principales objetos de interés deberían ser las limpiezas, la purificación y la sanación.

**Mediodía:** sírvete del poder del sol para promover el éxito empresarial y económico, para aprovechar oportunidades, para abordar cuestiones legales y para fomentar la prosperidad.

**Ocaso:** este es el mejor momento para realizar rituales y hechizos que te ayuden a combatir alguna adicción o algún mal hábito, o a soltar los lastres que te impiden avanzar.

**Medianoche:** conocida también como la «hora de las brujas», este es el momento en el que ejecutar los hechizos y rituales más importantes. Si algo que quieres manifestar parece poco probable que aparezca o requiere quitar obstáculos de en medio, trabaja con ello en esta hora.

**De 3 a 4 de la madrugada:** esta es la hora de las brujas original; así se consideró desde la época medieval hasta el siglo XIX. En esta hora, practica la adivinación y trabaja tu percepción psíquica. También es el momento apropiado para comunicarse con los espíritus, para realizar hechizos destinados a sanar viejas heridas y para hacer rituales que tengan por finalidad aliviar el estrés.

**11:11:** si ves este número, probablemente sea un buen momento para formular un deseo. Tómate el hecho de ver este número como una confirmación de que tendrás éxito con tus manifestaciones.

# Elementos

◇◇◇◇◇◇◇◇◇◇◇◇

Seamos conscientes de ello o no, estamos conectados con los elementos; fluyen por nosotros y su magia nos imbuye. Los pies nos conectan con la tierra, la respiración está enriquecida con el poder del aire, el corazón palpita con la pasión del fuego, y las mareas emocionales traen las lágrimas a nuestros ojos.

Los brujos y brujas trabajan con elementos específicos para impulsar la manifestación. Cada elemento tiene sus cualidades. En algunos rituales y en algunas configuraciones de altar están representados todos los elementos: la sal representa la tierra; el incienso, el aire; las velas, el fuego, y también hay un cuenco con agua. En la mayoría de las prácticas neopaganas y wiccanas es costumbre honrar el espíritu y la energía de cada elemento durante los rituales, pero tienes la opción de centrarte solo en uno de ellos. El motivo para esto último puede ser que quieras honrar el elemento asociado a tu signo del Zodíaco; o acaso quieras expresar una preferencia personal. ¿Te gusta nadar? ¿Sientes afinidad con las criaturas marinas? Esto podría ser indicativo de que estás conectado con el elemento agua. Todos los elementos tienen espíritus asociados con ellos además de energías; son los denominados *elementales*. Se los conoce en todo el mundo y tienen distintos nombres. A continuación, voy a presentar los espíritus y energías asociados a cada elemento.

## TIERRA

Usa el poder de la tierra para hacer hechizos y rituales relacionados con la prosperidad, la fertilidad, el crecimiento, el dinero, la creatividad y la estabilidad. La sal, la tierra, la arcilla y las piedras se pueden usar en amuletos y otros objetos mágicos para mantener el equilibrio y permanecer enraizado. Llama a las fuerzas de la tierra cuando te sientas débil, desequilibrado, emocionalmente inestable o necesites encontrar un lugar en el que vivir. La energía de la tierra te ayudará a manifestar nuevas oportunidades profesionales o metas a largo plazo.

Acuéstate en el suelo, camina descalzo, ve a pasear o a hacer una caminata en la naturaleza o siéntate debajo de un árbol y lee o haz una lluvia de ideas sobre algo que desees manifestar. Algunos cristales asociados con la tierra son el ágata, la piedra de sangre, la esmeralda, el ojo de tigre y el cuarzo ahumado. La tierra está vinculada al signo zodiacal Tauro y al planeta Venus, así como a colores como el verde, el marrón y el negro. Algunas hierbas y plantas asociadas con la tierra son todos los tubérculos, el trigo, el roble, la hiedra, el regaliz, el maíz y el centeno. Animales como los toros, los bisontes, los ciervos y las serpientes tienen la energía de la tierra. Los gnomos, las dríades, las ninfas y las hadas son espíritus de la tierra. Son diosas de la tierra Cibeles o Magna Mater (romana), Danu (celta), Deméter (griega), Fauna (romana), la diosa madre (wiccana), Gaia (griega) y Pomona (romana). Y son dioses de la tierra Atis (romano), Baal (sirio-hebreo), Baco (romano), Dioniso (griego) y Osiris (egipcio).

## AIRE

El elemento aire es aquel al que acudir para que nos ayude con los trabajos que hay que ejecutar rápidamente o que requieren viajar. En la época colonial se decía que las brujas podían viajar por el aire. También tenían fama de provocar grandes ráfagas de viento o tormentas.

El viento te ayudará a mandar tus manifestaciones y hechizos por el aire. El planeta Mercurio, que está asociado al aire, incrementa nuestra conexión con la comunicación y los viajes. Los signos zodiacales asociados al aire son Géminis, Libra y Acuario. Viste de color blanco o amarillo claro para acceder a la energía del aire.

Podrías meditar sobre imágenes de globos, burbujas, sonidos y molinos de viento o incorporar su simbolismo a tu hechizo. Algunas plantas y hierbas asociadas con el aire son la verbena, la prímula, el helecho, la milenrama y el álamo temblón. Los animales relacionados con el aire son los pájaros, los insectos voladores y los murciélagos. Llama al aire para potenciar tu trabajo psíquico y enviar mensajes telepáticos a los espíritus. Las sílfides y los duendes son elementales del aire. Y son deidades asociadas al aire Mercurio (romano), Hermes (griego), el arcángel Gabriel (católico) y Céfiro (grecorromano).

## FUEGO

¿Quieres mandar algo al universo? Quémalo. En la Grecia, el Egipto y la Roma antiguos, los sacerdotes y los hechiceros quemaban ofrendas para apaciguar a los dioses. Se decía que el humo de las ofrendas quemadas subía y llegaba al cielo.

El fuego está asociado con la creación. Sírvete de la energía del fuego para intensificar los hechizos y los rituales que tengan que ver con el sexo, la pasión, la purificación y el valor. La magia con velas es una de las principales maneras de usar el elemento fuego; o se pueden quemar deseos, peticiones y ofrendas en hogueras o chimeneas.

Los cuerpos celestes asociados al fuego son el Sol, Marte y Júpiter. Algunos de los cristales conectados con el fuego son el citrino, el ópalo de fuego y el granate. Los signos astrológicos correspondientes son Aries, Leo y Sagitario. Algunos de los colores asociados con el fuego son el oro, el carmesí, el rojo y el naranja. Quema copal, olíbano o mirra. Llama al fuego para activar la pasión, la motivación y la inspiración, y para que te ayude con lo que tenga que ver con el liderazgo, la autoridad y el poder sobre los demás. Los *djinns* ('genios') y las salamandras son espíritus del fuego potentes. Son deidades del fuego Astarté (mesopotámica), Brigid (celta), Hestia (griega), Ogün (yoruba y vudú), Sekhmet (egipcia), Vesta (romana) y Vulcano (romano).

## AGUA

El agua es una vía hacia el más allá, y en ella vemos nuestro propio reflejo. Nos limpia y revitaliza, ofreciéndonos, así, renovación. El agua es beneficiosa para los hechizos y rituales centrados en la sanación, la purificación, la limpieza y el trabajo psíquico. Su energía es femenina y etérea.

Los cuerpos celestes asociados al agua son Neptuno, Venus, Saturno y la Luna. Los cristales son el cuarzo transparente, el coral, el jade, la perla y el nácar. En la brujería, el cáliz y el caldero están asociados al agua. Los signos zodiacales que corresponden a este elemento son Cáncer, Escorpio y Piscis. Algunos de los colores vinculados con el agua son el azul, el aguamarina, el turquesa y el verde; algunas de las plantas, el nenúfar, el loto, el musgo, los juncos, las algas y los hongos. Entre los animales asociados al agua tenemos los delfines, los cocodrilos, los caimanes, las serpientes acuáticas y, en general, todos los animales marinos. Algunos de los espíritus del agua son los tritones, las sirenas, los *kelpies* y las ondinas. Son diosas del agua Anfítrite (griega), Afrodita (griega), Erzuli (vudú), Nimue (celta), Oshun (yoruba) y Yemayá (santería). Y son dioses del agua Agwé (vudú), Dylan (celta), Neptuno (romano) y Poseidón (griego).

# Colores

◇◇◇◇◇◇◇◇◇◇◇◇

Está demostrado que los colores estimulan los sentidos. También pueden estimular las energías vibratorias y promover la manifestación. En el terreno de la magia existe un reconocimiento del potencial de los colores, y se les atribuyen determinadas propiedades en los ámbitos de la brujería y los hechizos.

La magia de los colores nos influye en todo momento. El rojo emite unas vibraciones que estimulan las ansias y la indulgencia, por lo que se utiliza en la decoración de restaurantes. El azul y el blanco representan la tranquilidad y se emplean a menudo en la decoración de *spas*, consultas médicas y hoteles.

Para incorporar los colores y su energía a tus técnicas de manifestación puede bastar con que lleves puesta una camiseta del color que quieras utilizar. Empareja el color asociado con lo que desees manifestar y verás que el poder de tu magia se multiplica por diez. A continuación encontrarás una lista de colores y los temas a los que están asociados; también se exponen algunos datos sobre su empleo en los ámbitos de la magia y la manifestación. En el uso de los colores, son asimismo relevantes nuestras vibraciones personales y la manera en que nos sentimos cuando los utilizamos. No temas mezclar y combinar colores. Puedes incorporar su energía a través de velas, manteles de altar, cristales u otras herramientas mágicas de determinados tonos.

## ROJO

Están asociados al rojo la fuerza vital, la atracción, la sensualidad, el deseo, la virilidad y la fuerza. El rojo es también el color de la muerte, el fuego, la violencia, el amor y el sexo. Es el color de nuestra fuerza vital. Además, es el color sagrado de las diosas Isis y Lilith. Utiliza el rojo en los hechizos y rituales que tengan que ver con la vitalidad, la fuerza y la salud. Este color tan relevante también es útil para potenciar la buena suerte y el valor, y en las situaciones en las que necesitamos prestarnos algo más de atención a nosotros mismos. Es habitual elegir el rojo para los hechizos de amor, pero debes tener en cuenta que este color desprende una energía muy sexual. Si estás buscando una relación romántica duradera, una relación monógama o casarte, asegúrate de tener muy clara tu intención. Utiliza el rojo en los hechizos centrados en alcanzar objetivos, superar obstáculos o practicar la magia sexual.

El rojo se corresponde con Aries y está vinculado a Marte. En la antigua Grecia, era considerado un color asociado a la vida y se empleaba en rituales nigrománticos para hablarles a los espíritus. Las manzanas rojas, las granadas, los hongos venenosos y las bayas se consideran alimentos de los dioses, por lo que puedes incorporarlos a los hechizos para atraer a deidades y espíritus con el fin de que te ayuden en tus trabajos.

## NARANJA

El naranja promueve la energía positiva, la exuberancia y la valentía, y está ligado a la energía solar y la magia. Este color es útil en los hechizos destinados a obtener resultados positivos, éxito laboral y la satisfacción de los deseos. Utilízalo si te están tomando en consideración para un empleo. El naranja está asociado al planeta Mercurio y el elemento fuego. Como también representa el cambio de las hojas en otoño, se puede utilizar en los hechizos que tengan que ver con el cambio, la transformación y la alquimia.

## AMARILLO

El amarillo emite brillantez, alegría y claridad. Utilízalo para fomentar la clarividencia y la comprensión afinada y profunda, o cuando busques la verdad en los trabajos de hechicería. El amarillo es un color de vela popular en los hechizos que tienen por finalidad deshacer maleficios, librarse de energías negativas y obtener protección. También está vinculado a deidades solares como Apolo, Horus y Mitra. Utiliza velas amarillas cuando busques orientación en temas de salud o para levantar el ánimo y expulsar la depresión. En general, el amarillo se puede usar en rituales que invoquen la felicidad y fomenten la curación en caso de operación o enfermedad.

## VERDE

En la actualidad, el verde está asociado sobre todo al dinero, la abundancia y la codicia. Sin embargo, en el antiguo Egipto era el color de la vida, la fertilidad y la juventud. El verde es también un color mágico en el folclore celta, pues nos conecta con el más allá. Los planetas asociados al verde son la Tierra y Venus, y los elementos que corresponden a este color son el agua y la tierra. Además, el verde está asociado a Tauro. El color verde emana vibraciones potentes de buena suerte, prosperidad y riqueza. Su energía también es potente para quienes quieren traer hijos al mundo y se puede emplear para fomentar la fertilidad y en los escenarios de magia sexual. El verde es el color sagrado de Osiris, Cernunnos, Pan, Ogün y Deméter.

## AZUL

El azul es un color etéreo que conecta con lo celestial y divino. El azul es sagrado para Zeus, Yemayá, María y Nut, la diosa egipcia del cielo (tanto el físico como el espiritual). El elemento asociado a este color es el agua, y los planetas que le corresponden son Saturno y Júpiter. El azul se puede emplear para fomentar la fuerza en los hechizos destinados a la sanación. También neutraliza las vibraciones intensas y se puede usar para inducir una sensación de paz y tranquilidad; esto hace que sea un color de vela popular en la limpieza de casas y el trabajo con la energía. Las velas de novena azules se pueden usar para pedirles trabajos específicos a los santos y deidades.

## ROSA

El color rosa es la esencia del «amor verdadero». Sagrado para las diosas Afrodita, Venus y Erzulie, el rosa es el color del amor emocional. Representa el afecto, la compasión, la belleza y la fidelidad. El rosa se puede emplear como elemento potenciador en los hechizos centrados en las relaciones románticas, la monogamia y el matrimonio. Es muy apropiado en los rituales destinados a atraer un nuevo amor y la felicidad. El color rosa puede ser útil para suavizar y sanar las disputas entre amigos, disipar la ira y promover la armonía en las relaciones.

## PÚRPURA

El púrpura es el color de la realeza y lo divino, y nos conecta con el poder y lo sobrenatural. Cuando te encuentres con flores púrpuras, considera que las deidades te han mandado una bendición. El púrpura es sagrado para Maman Brigitte, Dioniso, Baco y Ghede. Se puede usar en hechizos que requieran mucha energía, cuando sentimos que la meta deseada puede ser difícil de alcanzar o para obtener independencia personal o financiera. El púrpura es un color de alta vibración y, por lo tanto, muy adecuado para trabajar con los espíritus, la meditación de trance y los viajes astrales. Enciende velas púrpuras para estimular la percepción psíquica y cuando practiques la adivinación, o ten una amatista junto a tus cartas de tarot o tus herramientas de adivinación.

## MARRÓN

El marrón representa tanto el planeta Tierra como el elemento tierra. Presenta unas vibraciones potentes de fuerza y equilibrio, por lo que es un color que podemos usar para fomentar la estabilidad. El marrón es apropiado en los hechizos que tengan que ver con la justicia, con la magia de tierra,[*] con todo tipo de animales y mascotas y con atraer espíritus de la naturaleza. El color marrón también puede emplearse en los rituales destinados a fomentar el enraizamiento o la ecuanimidad, o cuando necesitamos fuerza y valor para tomar una decisión difícil.

## NEGRO

A pesar de las desafortunadas connotaciones negativas que hicieron que el color negro pasase a estar asociado a la maldad, a lo largo de la historia representó la vida. Los antiguos egipcios llamaban Kemet a su territorio, término que

---

[*] N. del T.: La magia de tierra es aquella en la que se trabaja con el elemento tierra.

significa, literalmente, 'tierra negra', en referencia al suelo fértil de las llanuras del Nilo.

Es importante señalar que la asociación del color negro con el mal y la magia nociva proviene de los prejuicios y el racismo cultural. La magia que usa el color negro se suele percibir como mala, baja, sucia y primitiva, mientras que la que usa el color blanco se percibe como buena, pura y limpia. En realidad, el negro contiene todos los colores y es la ausencia de luz, lo que lo convierte en un recurso maravilloso para absorber y desviar la energía negativa, ciertos espíritus, las maldiciones y los maleficios.

El negro, color de la sabiduría y la muerte, simboliza la resurrección y la renovación. Se lo asocia con el planeta Saturno y los elementos tierra y agua. Es el color de la luna oscura y menguante y es sagrado para Hécate, Nix y Diana. Las velas negras se pueden usar en hechizos de traba y destinados a alejar algo o a librarse de la energía negativa; también en los exorcismos.

## BLANCO

La ausencia de color hace del blanco uno de los «colores» más potentes para el trabajo mágico. El blanco está conectado con el reino espiritual y con la inocencia, la maravilla, la pureza y los nuevos comienzos; también con la luna y todos los elementos (la tierra, el agua, el fuego, el aire y el espíritu). El blanco es sagrado para Hathor, Ceridwen/Cerridwen, Isis, Changó y la triple diosa.

Las velas blancas se pueden utilizar en los hechizos destinados a obtener claridad o protección, así como en los contextos meditativos y cuando se trabaja con la magia angélica. El blanco, color de la leche, se vincula a menudo a la vida, la fertilidad y la nutrición. En muchos entornos de magia popular es considerado un color que simboliza el bien y el equilibrio. El blanco es también el color de los huesos, lo cual lo vincula con la muerte y la estructura. Asimismo, es el color de la nieve, por lo que puede utilizarse para congelar energías ajenas o perturbaciones y protegerse de fuerzas externas. En general, podemos considerar que el blanco es un lienzo vacío listo para experimentar una transformación; es el principio y el final. Pon un mantel blanco en tu altar para atraer la inspiración y la creatividad, o para crear un espacio sagrado.

# El Zodíaco

La astrología implica adivinar el futuro estableciendo el mapa de un conjunto de constelaciones planetarias. La astrología en sí tuvo su origen en la antigua Mesopotamia, alrededor del segundo milenio a. C., pero la astrología actual tiene sus raíces en la antigua Roma, alrededor del siglo IV d. C. Los astrólogos de la antigua Roma cartografiaban los planetas y estaban atentos a los presagios sobre el resultado de una guerra que estuviese en marcha en esos momentos, sobre el clima político o incluso sobre quién sería el próximo gobernante. La astrología también se utilizaba para establecer el momento adecuado en el que llevar a cabo una operación quirúrgica o en el que intentar acometer una curación. Durante el Renacimiento, ocultistas famosos hicieron confluir las prácticas de la magia y la astrología, y han ido de la mano desde entonces.

En cuanto a la manifestación, podrías seguir el ejemplo de los antiguos romanos y planificar tus hechizos en torno a determinados signos astrológicos. Si quieres una fuente de ingresos adicional o comprar una casa, sería aconsejable que realizaras un hechizo centrado en la abundancia en el período del año regido por Tauro. Si no quieres esperar hasta mayo para hacer el hechizo, podrías realizarlo cuando la Luna esté en Tauro. La Luna tarda unos veintiocho días en dar la vuelta a la Tierra, durante los cuales pasa por las doce casas del Zodíaco. Esto significa que pasa por un signo diferente cada dos días más o menos. Sumerjámonos ahora en los signos zodiacales y veamos cuáles son algunas de las mejores maneras de servirnos de ellos en combinación con las prácticas de magia y las que tienen por objeto manifestar.

## ARIES

El período correspondiente al signo Aries es de altas vibraciones. Es recomendable realizar ahora los hechizos y rituales destinados a obtener apoyo para nuevos proyectos y para los viajes. Este signo está repleto de energía guerrera y por lo tanto puede ayudarte a superar obstáculos y obtener posiciones de autoridad y poder. Cuando la luna llena está en Aries, es un magnífico momento para meditar y manifestar cambios en la rutina. Cuando nos sentimos abrumados o inseguros, es bueno portar una piedra de sangre o llevar puesto algún adorno de hierro durante este período para elevar la energía. También podrías incorporar colores como el rojo y el burdeos para potenciar la energía de este signo.

## TAURO

Tauro es un signo de tierra y está regido por el planeta Venus; también por la Luna. Cuando la Luna esté en Tauro, aprovecha para hacer todo tipo de magia y para realizar cualquier tipo de práctica destinada a manifestar. Haz en este período los hechizos que tengan por objeto obtener atención, ya sea que quieras adquirir fama o lograr que tu jefe repare en tu buen trabajo. La energía de Tauro proporciona estabilidad, fertilidad y opulencia. Además de ser útil para generar ganancias materiales, la energía de este signo puede emplearse para mejorar las relaciones y para encontrar una pareja estable utilizando la magia de amor. Viste prendas verdes para estimular la energía de Tauro y lleva contigo una turquesa pulida para que te ayude a enraizarte y a percibir unos ingresos estables.

## GÉMINIS

Géminis es el tercer signo del Zodíaco y representa los gemelos divinos. Está asociado con la felicidad, la buena suerte y el éxito. Cuando la luna llena está en Géminis, el momento es muy propicio para formular deseos y centrarse en manifestar emprendimientos creativos. Este período también es bueno para los hechizos destinados a fomentar el éxito en los estudios o a impulsar la creación de un nuevo negocio. Es un buen momento para que los autores envíen sus manuscritos. ¿Necesitas unas vacaciones?; manifiéstalas cuando la luna nueva esté en Géminis. El ágata, el citrino, el peridoto y el ojo de tigre son cristales útiles para potenciar la manifestación de lo deseado cuando la Luna transita por Géminis.

## CÁNCER

El período correspondiente al signo Cáncer está asociado a la serenidad, la sensibilidad y la tranquilidad. La energía de Cáncer es útil para la meditación y para fomentar la paz mental. La luna llena en Cáncer es propicia para los hechizos centrados en la salud, la familia, el bienestar y el alivio. Regala una pequeña piedra de luna pulida a amigos o familiares que puedan necesitar apoyo y consuelo. Como la energía de este signo tiene que ver con el bienestar, es apropiada para manifestar protección para el hogar por ejemplo o para atraer espíritus domésticos. Si estás solo, manifiesta una mascota o una relación. Haz limpiezas rituales y rituales de purificación cuando la luna nueva esté en Cáncer.

## LEO

La energía de Leo emana ego y el deseo de obtener atención. Utilízala para persuadir a quienes podrían tener la intención de decirte que no. En el período regido por Leo son especialmente potentes los tarros dulces, los monigotes y la magia con velas centrados en la intimidad, el empleo, los ascensos y el entretenimiento. Lleva contigo una pequeña pieza de ámbar o un pequeño topacio para potenciar la energía de Leo. En este período, haz un altar o presenta ofrendas a deidades solares para obtener su favor. La luna llena en Leo también puede ayudar en los trabajos relacionados con la fertilidad y el parto. Los trabajos de manifestación que requieran que otras personas se fijen en ti o te presten atención deberías hacerlos en este período.

## VIRGO

Virgo es un signo asociado a los detalles y a la concentración. Este es el período en el que manifestar organización y estructura. Si sientes que han imperado el desequilibrio o el caos, conecta con la energía de Virgo para que te ayude a mejorar tus habilidades organizativas. Utiliza la energía de la luna llena en Virgo, también, para superar la pereza y la apatía. Pon un poco de romero y lavanda en una bolsita de fieltro verde y llévala contigo para que te ayude a permanecer enraizado y a evitar las distracciones. La luna llena en Virgo es una ocasión maravillosa para manifestar un empleo, seguridad laboral y estabilidad económica. Realiza hechizos para potenciar las conexiones sociales y las alianzas empresariales o comerciales.

# LIBRA

Sírvete de la energía de este signo para incrementar tu capacidad intelectual y para manifestar ayuda en relación con la justicia, asuntos legales y cuestiones relativas al equilibrio. La luna llena en Libra también brinda una buena ocasión para los hechizos de amor y los rituales centrados en la curación (de huesos rotos especialmente). ¿Y te gustaría convencer a alguien de que vea las cosas a tu manera? Este es un buen momento para hacerlo: prepara un tarro dulce y pon a trabajar tus habilidades relativas a la persuasión. Utiliza la energía de Libra para aportar equilibrio a tu relación romántica y a tus relaciones de amistad. Lleva un cristal de cuarzo transparente contigo para potenciar las propiedades mágicas de Libra.

# ESCORPIO

Cuando la Luna entre en este signo, prepárate para vivir unas emociones intensas, apasionadas a la vez que caóticas. Este es un período propicio para dejar malos hábitos. Como las emociones pueden estar muy activadas estos días, podrías llevar encima una pieza de hematita para evitar tomarte todo de una manera personal y para desviar la energía negativa. Incorpora el color negro a tu vestuario para incrementar la protección y eliminar la negatividad no deseada. Cuando la luna llena está en Escorpio, la ocasión es perfecta para trabajar en el fortalecimiento de las capacidades psíquicas. Céntrate en manifestar autoestima y una transformación positiva. Habida cuenta de la intensa energía que expresa este signo zodiacal, también es un buen momento para que amplíes tus conocimientos como brujo o bruja y, tal vez, para que trabajes en forjar relaciones con espíritus y deidades.

# SAGITARIO

Las vibraciones y energías que emana la Luna cuando está en Sagitario suelen ser impulsivas y audaces, y pueden sacarnos de la zona de confort. Aprovecha este período para manifestar sentimientos optimistas y para realizar hechizos que tengan que ver con viajes y con el ocio. Si quieres explorar el país, medita en ello estos días. Este es también un período apropiado para realizar hechizos con el fin de tener éxito. Si quieres atraer más clientes, lleva la carta de la Templanza del tarot en la cartera. Si quieres hacer una propuesta de negocios o empresarial, ponte algo que contenga el color rojo. No te enfoques demasiado en asuntos que puedan abatirte.

# CAPRICORNIO

¿Quieres avanzar en el terreno profesional? Cuando la Luna está en Capricornio, puede infundirte toda la fuerza vibratoria que necesitas para ponerte manos a la obra. Las manifestaciones relacionadas con la superación de situaciones difíciles, la realización de proyectos prolongados y el logro de aspiraciones profesionales pertenecen al ámbito de este signo. Enfócate ahora en los hechizos destinados a fomentar la independencia y la disciplina, y en los que deban ayudarte a tomar decisiones. La luna llena en Capricornio también es perfecta para la meditación y la relajación, ya que la energía de Capricornio es relajante. Este es además un buen momento para trabajar con la magia centrada en la sanación y en cuestiones relacionadas con la dieta y la nutrición.

# ACUARIO

Las vibraciones de este signo son nómadas, espirituales y sabias. Manifiesta conexiones más profundas con los demás en este período y enfócate en maneras de estimular la creatividad y conectar más profundamente con el mundo de los espíritus. En esta fase lunar son apropiados los hechizos y rituales destinados a promover la justicia social y la igualdad. Los trabajos, rituales y hechizos rituales serán extremadamente potentes si la Luna está en Acuario. Saca la carta de la Estrella de la baraja de tarot y llévala contigo durante este período para que te ayude a manifestar con éxito, o lleva encima una pieza de ónice.

## PISCIS

Cuando la Luna está en Piscis, es un gran momento para abordar emprendimientos creativos. Las vibraciones de esta luna son fantásticas, etéreas y fascinantes. ¿Te gustaría dejar de trabajar ocho horas al día y, aun así, gozar de la estabilidad económica que te permita dedicarte a tu arte? Para manifestar esta realidad, envuelve una piedra de luna y algunas semillas de amapola en tela verde para llevar este paquetito en el bolsillo izquierdo cuando la Luna se encuentre en Piscis. Perfecciona tus habilidades relativas a la proyección astral o explora vidas pasadas en este período. Cuando la luna llena esté en Piscis, prueba a pintar, dibujar o escribir, o a realizar algún otro tipo de actividad con la que puedas dar rienda suelta a tu creatividad.

# Números

◇◇◇◇◇◇◇◇◇◇◇◇◇

Los números son muy útiles en la magia y los hechizos. De hecho, hay muchos hechizos y rituales en los que tienen un papel importante. Tal vez haya que recitar un encantamiento un determinado número de veces, utilizar una cierta cantidad de ingredientes en un hechizo dado o hacer una determinada cantidad de nudos al practicar la magia de cuerdas.* La asociación entre los números y la magia se remonta al antiguo Egipto y se puede apreciar a lo largo de la historia, especialmente en textos medievales y en los informes que se escribieron en relación con los juicios a brujas que se celebraron en los siglos XVI y XVII en Europa y América del Norte. La magia de los números se encuentra en muchos hechizos y objetos del ámbito de la magia popular. Se presentan a continuación algunos de los números que más se utilizan en la magia y la brujería. Lo que aquí se expone puede servirte de orientación a la hora de añadir o quitar elementos, decir invocaciones un determinado número de veces o hacer nudos.

El **uno** no es el más solitario de los números, sino que es un símbolo del logro, los nuevos comienzos, el liderazgo y la chispa de la creación. Utiliza este número en hechizos destinados a incrementar la originalidad y a destacar entre el resto.

El **dos** es el número del amor, la pasión, la justicia, el compromiso y la dualidad.

El **tres** representa la trinidad sagrada. Asociado a la triple diosa y a deidades trinas como Hécate, representa los comienzos, las etapas medias y los finales; las tres fases de la vida; las tres fases de la luna, y también la mente, el cuerpo y el espíritu. Ata tres nudos para dejar bien cerradas las bolsas de encantamiento.

El **cuatro** es un número poderoso a la hora de ayudar a manifestar la completitud y la estabilidad. Se consideraba sagrado en el antiguo Egipto y se correlaciona con los cuatro elementos de la naturaleza, así como con los cuatro puntos cardinales y las cuatro direcciones.

---

* N. del T.: La magia de cuerdas se usa particularmente para magia protectora. Se hacen nudos en una cuerda o varias cuerdas se atan o se trenzan juntas mientras la persona que realiza el hechizo se concentra en el resultado deseado y las bendice. Deben ser portadas por quien necesita la protección.

El **cinco** es el número de la protección, como en el pentáculo, que tiene cinco puntas. El número cinco también es útil en los hechizos y trabajos centrados en la atracción, el amor, el despertar espiritual y la invocación de espíritus.

El **seis** está asociado al sol y las deidades solares. También se corresponde con los planetas Mercurio y Venus. Incorpora el número seis a los hechizos destinados a atraer el amor, la fertilidad y la riqueza material.

El **siete** es el número espiritual asociado a Jehová. También se decía que era uno de los favoritos de Pitágoras. Emplea el siete en los hechizos destinados a adquirir conocimiento, revelar la verdad, obtener claridad o aumentar las vibraciones espirituales.

El **ocho** es el número del infinito, el éxito y la renovación; también es el número de Mercurio.

El **nueve** es el número de la luna; es útil en los rituales lunares y es sagrado para las nueve musas y para todas las deidades lunares. Ata nueve nudos cuando hagas hechizos de atadura o de traba o rituales centrados en la protección y la dominación.

El **diez** es el número de la completitud. Incorpóralo cuando trabajes en manifestaciones que requieran la compleción o finalización de algo, como puede ser un proyecto o un proceso judicial.

El **once** es el número de la intuición y la introspección.

El **doce** es otro número de compleción. De la misma manera que hay doce casas en el Zodíaco, el número doce representa el poder, las fuerzas cósmicas y la magia planetaria.

El **trece** es el número de las brujas. En la brujería tradicional, es típico que haya trece brujas en las asambleas. También hay trece meses lunares, por lo que el número trece está conectado a la luna. Emplea este número en hechizos y rituales para dotarlos de mayor potencia y poder.

# CAPÍTULO 6

# Hechizos y rituales prácticos para manifestar

¿Crees que estás lista o listo para realizar un hechizo y hacer algo de magia? Hemos hablado de los aspectos básicos y de las técnicas necesarias para manifestar y obrar magia, y ha llegado el momento de pasar a la acción. En este capítulo encontrarás hechizos y rituales que podrían serte útiles en tu viaje sagrado. La mayoría de estos hechizos pertenecen al ámbito de la magia popular y por consiguiente son simples; requieren muy pocos elementos y herramientas, que, además, son fáciles de encontrar. Se incluyen las listas de elementos e indicaciones para que puedas adaptar los hechizos y rituales a tus necesidades en particular. Recuerda que, a fin de cuentas, el poder proviene de ti. Si te falta un elemento o no te encuentras en la fase lunar sugerida para el hechizo, procede según tu parecer y emplea componentes sustitutorios según sea necesario.

# Lo que vas a necesitar

En realidad, no necesitas mucho para manifestar lo que deseas, si bien la brujería tiende a servirse de la naturaleza y ciertas herramientas para canalizar la magia. A continuación vas a encontrar unos cuantos elementos y herramientas que necesitarás o te irán bien para tus trabajos, hechizos y rituales. Los he clasificado en *elementos necesarios* y *recomendables*; los primeros te resultarán imprescindibles para realizar los hechizos que contiene este libro, mientras que los segundos se indican a modo de sugerencia, pero se pueden sustituir por otros.

## Elementos necesarios:

◆ Es bueno tener a mano velas de varios tamaños y colores; de todos modos, son preferibles las velas de campanilla, ya que se consumen en poco tiempo y son económicas. Los colores de vela que más se utilizan son el negro, el blanco, el verde, el rosa y el rojo.

◆ La sal es perfecta para limpiar y proteger; por lo tanto, asegúrate de tener siempre un poco cerca.

◆ Las hierbas son magníficas aliadas para los trabajos de manifestación. No es necesario que compres todas las hierbas y especias que hay en el mercado, pero sí te conviene tener a mano verbena, lavanda, hojas de laurel, tomillo, artemisa, canela, rosa y romero, que es la hierba más versátil y mágica.

◆ Ten a mano cerillas, para encender las velas y para prender fuego a los papelitos que contengan peticiones, por ejemplo. Las cerillas también contienen sulfuro, que es perfecto para eliminar las vibraciones negativas. (A la hora de usar las cerillas, no olvides nunca tomar las precauciones necesarias para evitar cualquier riesgo de incendio).

- Un quemador de incienso. Un plato en forma de concha o un plato de cerámica servirán. Asegúrate de disponer una capa de sal o de arena sobre él para que el aislamiento sea mayor y para proteger la superficie de la mesa del calor que desprenda la base del plato. Si pones un posavasos debajo del quemador de incienso, protegerá tu espacio ritual además de la mesa.

- Es bueno disponer de incienso, tanto en forma de palo como en resina. El olíbano, la mirra y la sangre de dragón tienen un aroma delicioso y se emplean para limpiar y bendecir el espacio, así como para alejar las energías perturbadoras.

- Es útil tener cordeles de varios colores y tamaños para practicar la magia con nudos.

- Es necesario tener un mortero y una mano de mortero para triturar y machacar hierbas.

- Se pueden usar plumas de varios tamaños para esparcir el humo del incienso y para hacer amuletos, otro tipo de objetos mágicos y hechizos.

- Los cristales como el cuarzo, la hematita, la amatista y el citrino siempre te prestarán un buen servicio.

- El agua puede ser una ofrenda y se puede usar en trabajos de limpieza y en hechizos de purificación.

- Necesitarás tarros, del tamaño que prefieras, para hacer tarros dulces y para combinar y almacenar ingredientes.

- El aceite de oliva, utilizado por los antiguos griegos como aceite ritual y de unción, tiene muchas propiedades mágicas, lo que lo convierte en el aceite preferido para ungir herramientas y macerar hierbas.

- Los bolígrafos rojo y negro te serán útiles para escribir peticiones e intenciones y para anotar tus experiencias.

- Un cuaderno no solo te permitirá anotar tus pensamientos, sino que también te proporcionará papel para los hechizos que requieran escribir peticiones e intenciones.
- Telas de desecho y bolsas de fieltro o de organza te servirán para hacer bolsas de encantamiento.

## Elementos recomendables:

- Velas: velas con forma de figura y velas de novena o de siete días.
- Cristales: lapislázuli, malaquita, ónix, turmalina negra, piedra de luna, magnetita, ojo de tigre, ámbar y cornalina.
- Hierbas: raíz de Juan el Conquistador (ipomoea), hierba cinco dedos, hisopo, ajenjo, roble, cedro, diente de león, ruda, hierba de san Juan, harpagofito (garra del diablo) y damiana.
- Aceites: rosa, jazmín, pachulí, eucalipto y almizcle egipcio.
- Caldero: para hacer y quemar incienso, así como mezclar brebajes mágicos.
- Mantel de altar: para decorar tu altar y determinar un espacio en el que enfocarte en tu trabajo espiritual; también para proteger la mesa de la ceniza, la cera y las hierbas que podrían caer en ella.
- Cáliz: para representar el elemento agua y contener bebidas dadas en ofrenda, como vino, cerveza y zumos.
- Escoba: para barrer las energías negativas, despejar el espacio sagrado y colocarla junto a la puerta, invertida (con las cerdas arriba), para que brinde protección.

- Portavelas: para evitar que las velas se caigan y por motivos estéticos.
- Figuras de deidades: para representar deidades específicas a las que quieras invocar.
- Cartas del tarot: para obtener orientación personal y conectar con guías.
- Péndulo: para conectar con espíritus, guías y tu yo superior al hacer preguntas que se puedan responder con un sí o un no.
- *Almanaque del granjero* o calendario agrícola: para saber la posición de los planetas.
- Daga o cuchillo: para usar como hoja ritual y dirigir la energía.

# Hechizos y rituales a medida

Los brujos y brujas hallan siempre recursos porque ven la magia en todo. El hecho de creer en el animismo (es decir, en la idea de que todo lo que hay en la naturaleza tiene su espíritu) asegura que la mayoría de los elementos y herramientas empleados incrementarán la vibración de los hechizos y coadyuvarán a la manifestación. Se presentan a continuación unos cuantos hechizos y objetos del ámbito de la magia popular que son bastante fáciles de hacer y que requieren unos componentes fáciles de obtener. Muchos de los hechizos pueden emplearse con múltiples propósitos solo con que se cambie un color, un cristal o una hierba. Adaptar los hechizos y rituales a tus necesidades te resultará más fácil cuanto más te familiarices con los significados de distintas correspondencias. Además, muchos de los hechizos requieren, en gran parte, los mismos elementos y herramientas indicados en la lista «Elementos necesarios» que presenté anteriormente.

Esto es así porque un mismo cristal o hierba pueden contener muchas vibraciones que se pueden aprovechar en distintos trabajos de manifestación y magia.

## BOLSA DE HECHIZOS

Esta es una herramienta muy utilizada, y es bueno tenerla a mano. Una bolsa de hechizos es fácil de hacer y extremadamente versátil; puede ser útil en casi todos los escenarios. Cambia el contenido de la bolsa y el color de esta, y tendrás una bolsa de encantamiento completamente diferente para situaciones totalmente distintas. Consigue una pequeña bolsa con cordón. (Se pueden comprar en Amazon, en tiendas de artesanía o manualidades o en cualquier tienda que venda productos de tipo esotérico). Llena la bolsa con tres pizcas de la hierba o las hierbas que se correspondan con lo que quieres manifestar. A continuación, introduce un cristal que se corresponda, igualmente, con lo que quieres ver manifestado. Cierra la bolsa haciendo tres nudos con el cordel.

- ◆ **AMOR.** Hierbas: damiana o pétalos de rosa. Cristal: cuarzo rosa.
- ◆ **PROTECCIÓN.** Hierbas: romero o verbena. Cristales: ónix o hematita.
- ◆ **SANACIÓN.** Hierbas: lavanda, roble o romero. Cristales: cornalina o cuarzo.

## AEROSOL DE ENCANTAMIENTO

Un aerosol de encantamiento es una botella de poción con la que se pone en marcha la manifestación con una rociadura. El proceso de elaboración es muy simple y el producto obtenido es sumamente versátil. Se trata de una herramienta discreta, que te permitirá realizar tu encantamiento en casi cualquier lugar. Llena una botella de espray hasta la mitad con vodka y añade unas pizcas de la hierba correspondiente a lo que desees manifestar, un pequeño cristal o piedra pulidos y tres gotas del aceite esencial apropiado. Acaba de llenar la botella con agua y cierra la tapa. Agita bien. Si la finalidad del hechizo es atraer a alguien, rocíate ligeramente antes de ver a esa persona o rocía la zona en la que va a estar. Los espacios personales también se pueden rociar con este aerosol, con el fin de cambiar sus vibraciones.

- ◆ **AMOR.** Hierbas: pétalos de rosa o damiana. Aceites: jazmín o rosa. Cristal: cuarzo rosa.
- ◆ **LIMPIAR/DESPEJAR.** Hierba: romero. Aceites: pachulí o incienso (olíbano). Cristales: hematita o cuarzo transparente.
- ◆ **PROSPERIDAD.** Hierbas: laurel o romero. Aceites: limón, canela o menta. Cristal: citrino.

## ATADOS MÁGICOS PARA QUEMAR

Casi todas las civilizaciones que ha habido a lo largo de la historia han quemado hierbas con fines rituales. Tal vez lo primero que te venga a la mente es la quema de salvia blanca, pero esta práctica está tomada de un acto ceremonial conocido como *smudging* ('sahumerio'), propio de los nativos americanos. Pero hay muchas otras hierbas y plantas que se pueden quemar además de la salvia, en lo que me gusta llamar *fumigación espiritual*. Toma las ramas u hojas de la planta y júntalas, y a continuación rodea todo el manojo con un trozo de cordel o de hilo. Haz un nudo para que todo quede bien sujeto. Prende fuego al extremo y aviva el humo agitando la mano o una pluma. Deja abierta una ventana o una puerta para que las energías tengan por donde salir.

- ◆ **LIMPIAR/PROTEGER:** romero o cedro.
- ◆ **ALEJAR LAS MALAS VIBRACIONES:** romero, ruda o lavanda.
- ◆ **ATRAER ESPÍRITUS:** artemisa, también conocida como salvia negra.

## ESCALERA DE BRUJA

La escalera de bruja es un objeto mágico popular entre las brujas, que se puede hacer con varios fines. Como en el caso de los hechizos anteriores, basta con cambiar el color en función del propósito. La magia de este hechizo proviene de la energía dirigida a los nudos. Para empezar, toma tres cordeles de la misma longitud, uno rojo, el otro negro y el tercero del color asociado con lo que deseas manifestar. Mientras permaneces enfocado en tu intención, trenza los cordeles, haciendo nudos de vez en cuando después de una sección trenzada para asegurar la intención. Tradicionalmente, la escalera de bruja se compone de nueve nudos, pero puedes hacer tantos como quieras (consulta las páginas 118 y siguientes para ver a qué están asociados distintos números y elige uno que se adapte a tus necesidades). También puedes atar plumas de varios colores con el fin de dotar de mayor vibración a la escalera. Cuando hayas terminado, sométela al humo de incienso, dale un beso y ocúltala en un lugar secreto.

## BOTELLA DE BRUJA

Usado originalmente como un instrumento de contramagia destinado a disuadir a brujas o brujos y a protegerse de hechizos, este objeto mágico del siglo XVII ha sido incorporado al ámbito de la brujería y se usa principalmente como medida de protección contra espíritus y fuerzas maléficas. Pero también puede usarse como protección contra influencias externas que podrían afectar a los trabajos de manifestación y de magia. Toma un pequeño frasco de vidrio y mete tres clavos, tres alfileres y tres agujas de coser en su interior. Llena la botella con sal, ciérrala bien y entiérrala en el patio trasero o déjala en un rincón oscuro de tu casa, como puede ser la parte de atrás de tu armario ropero. Si deseas proteger tu hogar o el de otra persona, puedes añadir tierra de esa propiedad a la botella.

# Hechizos y rituales para problemas y objetivos frecuentes

Los siguientes hechizos y rituales han sido recopilados de varios tomos, grimorios y textos históricos. He modificado la mayoría de ellos para adaptarlos a los tiempos actuales y para que su ejecución sea más práctica para los brujos y brujas modernos. Se acabó lo de desenterrar raíces de tejo en un cementerio bajo la luna llena (si bien esta práctica tiene pinta de ser muy divertida).

# BOLSA DE ENCANTAMIENTO DE PODER ELEMENTAL

*Para manifestar, debemos estar equilibrados y bien conectados con la tierra y con lo divino. Los componentes de esta potente bolsa de encantamiento contienen atributos poderosos de todos los elementos. Lleva este objeto mágico contigo cuando desees permanecer enfocado(a) y potenciar tus habilidades en cuanto a la manifestación.*

- Concha marina (agua)
- Bolsita verde con cordón
- 1 pizca de sal (tierra)
- Pluma pequeña (aire)
- Cerilla (fuego)

1 Sostén la concha marina con las dos manos, cierra los ojos y visualiza olas que rompen contra una playa. Mete la concha en la bolsa.

2 Espolvorea una pizca de sal en la bolsa sin dejar de ser consciente del suelo que hay debajo de ti. Esto simboliza el apoyo que te brinda la tierra.

3 Agita la pluma delante de ti, imprimiendo, así, cierto movimiento al aire. Imagina que está soplando una ráfaga de viento a tu alrededor. Mete la pluma en la bolsa.

4 Sostén la cerilla apagada con una mano, formando un puño. Siente que este elemento irradia calor. Al poco rato, introduce la cerilla en la bolsa.

5 Haz tres nudos en la bolsa para que los contenidos no puedan salirse y déjala permanentemente en tu altar o guárdala y sácala cuando quieras realizar un trabajo de manifestación.

# AGUA DE VENUS

*Este aerosol de encantamiento proviene de una poción de amor del siglo XVIII conocida como agua de ángel. En la mayor parte de Europa y las islas británicas se elaboraba con una hierba llamada mirto, asociada a la diosa del amor, Afrodita/Venus; sin embargo, el origen de la fórmula que aquí presento es español. Pulveriza este aerosol para potenciar los sentimientos de pasión y para atraer relaciones tanto físicas como románticas. También puedes rociarlo sobre ti mismo(a) para aumentar tu autoestima o rociar sábanas, ropa o incluso algo que pertenezca a la persona a la que quieres atraer.*

- Botella de espray de vidrio
- Agua
- Vodka
- 3 gotas de aceite esencial de lavanda
- 3 gotas de aceite esencial de rosa
- 1 pizca de angélica seca

1 Llena la mitad de la botella con agua y el resto con vodka.

2 Introduce las tres gotas de aceite esencial de lavanda y las tres gotas de aceite esencial de rosa en la botella mientras te enfocas en los aspectos del amor que deseas atraer.

3 Añade la pizca de angélica a la botella y cierra la tapa.

4 Sostén la botella entre las manos y di: «Hermosa Venus, diosa divina, bendice este aerosol; haz que me traiga el amor».

5 Agita la botella mientras concentras tu energía y tus deseos en el contenido.

6 Pulveriza según sea necesario.

# IMÁN DE VERBENA PARA MANIFESTAR

*La verbena es una hierba común en la magia y la brujería populares europeas. Esta bolsa de encantamiento es perfecta para llevarla contigo cuando necesites un pequeño empujón energético o cuando quieras mejorar tus hechizos y tus habilidades relativas a la manifestación. El cuarzo transparente es una piedra potente para dirigir la energía e incrementar las propiedades mágicas de otras herramientas. Lleva este objeto mágico en el bolsillo o guárdalo en tu mesa de noche o en tu escritorio para promover la concentración, la inspiración y la creatividad.*

- 1 pedazo de tela blanca de unos 5 x 7,5 cm
- 3 pizcas de verbena
- 1 cuarzo transparente pulido o en bruto
- Cordel lo bastante largo como para hacer tres nudos

**1** Extiende la pieza de tela y espolvorea la verbena en el centro. Pon las manos sobre la hierba y di: «Hierba encantada de tiempos atrás, aumenta mi poder por siempre jamás».

**2** Coloca el cuarzo en el centro de la tela, sobre la hierba. Pon las manos sobre el cristal y di: «Potencia este hechizo, cristal de cuarzo, y haz que mis manifestaciones tengan un buen resultado».

**3** Levanta todas las esquinas de la tela y gíralas para juntarlas; obtendrás una bolsita. Sujeta la tela retorcida con el cordel y átala haciendo tres nudos.

**4** El imán ya está terminado. Sostenlo entre las manos, cierra los ojos y visualiza que irradia un aura azul. Duerme con él debajo de la almohada una noche; a continuación, ponlo en tu altar y déjalo ahí hasta que necesites usarlo.

# HECHIZO DE AMOR DE LOS NUEVE NUDOS

*Este hechizo es beneficioso para aquellas personas que deseen manifestar una relación monógama con alguien con quien estén saliendo o en quien estén interesadas románticamente. Realiza el hechizo durante la luna llena o un viernes por la noche para aprovechar la energía de Venus.*

- 1 gota de aceite esencial de rosa
- Vela roja (elige tú el tamaño y la forma, aunque son recomendables las velas en forma de figura, las velas de siete días o las velas de campanilla)
- Plato resistente al calor (de cerámica, preferiblemente)
- 1 pizca de jazmín seco
- 1 pizca de polvo de chile
- 1 pizca de lavanda
- Cordel rojo lo bastante largo como para hacer nueve nudos
- Bolsita roja de algodón con cordón (opcional)

1 Pon la gota de aceite esencial de rosa en la parte superior de la vela roja y frota para que se incorpore a la vela, avanzando desde la parte superior, cerca de la mecha, hacia la base. Cuando hayas terminado, coloca la vela derecha sobre el plato.

2 Espolvorea la pizca de jazmín sobre la vela mientras dices (en voz alta o para tus adentros): «Hierba sagrada y flor antigua, encanta a mi amor; haz que sienta tu vigor».

3 Espolvorea la pizca de polvo de chile sobre la vela y di: «Enciende con pasión, enciende con fuego; mi amor anhelará mi deseo».

**4** Espolvorea la pizca de lavanda sobre la vela y di: «Ya tengo el fuego, ya tengo el ardor; ahora haz que pueda confiar en este amor».

**5** Agarra el cordel rojo y di el nombre de la persona deseada (en voz alta o mentalmente) mientras atas cada uno de los nueve nudos.

**6** Dispón el cordel anudado alrededor de la vela.

**7** Enciende la vela y deja que arda durante una hora por lo menos. (Si has elegido una vela de campanilla, deja que se consuma por completo).

**8** Cuando la vela haya terminado de arder, esconde el cordel anudado debajo de tu colchón.

**9** Si quedan restos de cera o hierbas, puedes reunirlos y ponerlos en una bolsita de algodón roja para hacer una bolsa de encantamiento potenciadora del amor que sume su poder al del hechizo, o enterrarlos en el patio trasero de tu casa.

# HECHIZO PARA LA AUTOESTIMA

*Muchas personas que se sienten atraídas por la idea de realizar hechizos y obrar magia se interesan directamente por los trabajos centrados en el amor con la esperanza de conseguir una pareja. Pero ¿cómo podríamos amar a los demás si no nos amamos a nosotros mismos? Este ritual tiene por objeto fomentar la autoestima y la confianza en uno mismo. No requiere nada más que un espejo (preferiblemente de cuerpo entero), tal vez un poco de iluminación ambiental y una pizca de honestidad y fe. Realiza el hechizo un viernes por la noche o cuando sientas vibraciones de amor o inseguridad. Resérvate el tiempo que necesites para estar en soledad; procura que nadie te moleste.*

- Cerillas o un encendedor de bolsillo
- Velas
- Música
- Espejo de cuerpo entero

1 Prepara el ambiente, enciende algunas velas y pon música de meditación.

2 Ponte de pie frente al espejo y mírate fijamente, concentrándote en tus rasgos. A continuación deja que tus ojos deambulen y observen cada centímetro de tu cuerpo. Cierra los ojos y visualiza la mejor versión de ti, en todos los aspectos (mental, físico y emocional).

3 Mirándote a los ojos en el espejo, di: «Espejo, espejo que estás aquí, refleja el yo que quiero ver en mí».

4 Sigue mirándote al espejo y siente que te fusionas con tu reflejo. Piensa en todas las partes buenas de ti. ¿Qué te encanta de ti de ti mismo, de ti misma? No tengas miedo de mostrarte vulnerable.

**5** Mirándote en el espejo, di: «Te amo a ti que estás en este espacio, te amo a ti que estás en el espejo mágico. Te amo a ti que me miras así, amo a la persona que está frente a mí».

**6** Continúa mirándote fijamente, hasta que te creas las palabras que acabas de decir.

**7** Haz este ritual todos los viernes por la noche durante el resto del mes para potenciar la manifestación de los sentimientos de autoestima y consolidarlos.

# ¡PUCK, POR DIOS!

*¿Te sientes mal? ¿Quizá las cosas no han ido como esperabas últimamente o estás irritado(a) por alguna causa? Puede haber espíritus molestos o hadas haciendo de las suyas con el único fin de reírse, aunque sea a tu costa. Usa un poco el estilo shakespeariano para enderezar a Puck, el duende malicioso del folclore inglés medieval,* y a todos los otros bromistas que puedan estar jugando con tus vibraciones. Realiza este hechizo rápido y simple un miércoles por la noche durante una hora par.*

- ◆ Cerillas o un encendedor de bolsillo
- ◆ Vela de campanilla verde
- ◆ Moneda de plata (por ejemplo, una moneda de veinticinco centavos)

**1** Derrite la base de la vela utilizando una cerilla o un encendedor y pon la vela sobre la moneda de plata. Asegúrate de que la cera se endurezca para que la vela pueda permanecer en su lugar sin caerse.

**2** Pon las dos manos sobre la vela y di: «¡Oh, Puck, bendito eres!; devuélveme mi suerte».

**3** Enciende la vela y deja que se consuma por completo. Imagina que todo el estrés abandona tu cuerpo, que las cosas vuelven a la normalidad y que tu irritación se desvanece.

**4** Cuando la vela se haya consumido, toma la moneda, sostenla entre las manos y di: «Si nosotros, las sombras,

---

\* N. del T.: William Shakespeare incluye este personaje mitológico en su comedia *Sueño de una noche de verano*. Puck y otros seres mágicos hacen diversas travesuras a lo largo de la obra. Puck termina pidiendo disculpas, en el cierre de la obra, por estos comportamientos.

te hemos ofendido, piensa en esto, y todo quedará corregido».[*]

**5** Esconde la moneda en el fondo de un cajón para apaciguar a los espíritus y observa cómo cambia tu suerte.

[*] N. del T.: Estas son las palabras iniciales del discurso de disculpa de Puck en la obra de Shakespeare (ver la nota anterior). No tienen mucho sentido fuera de su contexto, pero cabe suponer que están imbuidas de una fuerza especial.

# AEROSOL PARA ATRAER DINERO

*Esta fórmula la he sacado directamente de mi libro personal de hechizos. Puedes usar este aerosol para rociarte a ti mismo(a) y para rociar cheques personales, tu tarjeta de crédito o débito, billetes, monedas e incluso currículums y tarjetas de presentación para potenciar la prosperidad y generar ganancias.*

- Botella de espray de vidrio
- Agua
- Vodka
- 3 clavos de olor enteros
- 3 gotas de aceite esencial de canela
- 2 gotas de aceite esencial de toronjil
- 2 gotas de aceite esencial de pachulí

**1** Llena la mitad de la botella con agua y el resto con vodka.

**2** Deja caer los tres clavos de olor en el interior de la botella y di: «Por el poder del tres, con prosperidad esté».

**3** Añade las gotas de los aceites esenciales de canela, toronjil y pachulí, enrosca la tapa y agita bien.

**4** Sostén la botella entre las manos y di: «Prosperidad, por favor, ven conmigo; hay abundancia en este líquido».

**5** Pulveriza siempre que necesites algo de dinero o incrementar tu riqueza.

# HECHIZO PARA EL LIDERAZGO «LA DAMA DEL LAGO»

*Todos hemos oído historias del rey Arturo; pero recuerda que no fue el único artífice de sus éxitos. Contó con la ayuda de un sabio hechicero llamado Merlín, una espada encantada llamada Excalibur y la majestuosa dama del lago. Según la versión de la historia que leamos, la dama del lago recibe muchos nombres, entre ellos Viviana, Nimue y Morgana. Este hechizo recurre a su naturaleza divina para que nos ayude a superar obstáculos y a asumir una mayor responsabilidad. Si quieres ser líder en tu comunidad, ser objeto de atención, obtener reconocimiento público o emprender tu propio negocio, entonces, como el rey Arturo, harías bien en recurrir a la sabiduría de la dama del lago y tomar la espada.*

- Manzana roja
- Plato
- Cualquier tipo de cuchilla (por ejemplo, un cuchillo para mantequilla o un abrecartas), para simbolizar una espada
- Vela de campanilla azul
- 3 gotas de aceite esencial de lirio de los valles
- Cerillas o un encendedor de bolsillo

1 Sostén la manzana entre las manos, cierra los ojos y di: «Queridísima dama del lago, te ofrezco este regalo».

2 Pon la manzana en el plato, con el tallo hacia arriba. Mete la cuchilla en la manzana, introduciéndola por la parte superior. La hoja introducida debe poder permanecer en posición vertical. Si el peso de la cuchilla hace que la manzana caiga de lado, sostenla en posición vertical con una mano.

**3** Una vez que la hoja haya perforado la manzana, di: «Dame coraje, favoréceme; no dejes que mi fuerza y mi liderazgo flaqueen».

**4** Cierra los ojos y agarra la empuñadura de la hoja. Piensa en todos los obstáculos que se interponen o se interpondrán en tu camino. Imagina que estás empuñando una espada magnífica y que atraviesas todos los obstáculos y energías negativas.

**5** Corta la manzana por la mitad y coloca las dos mitades en el plato.

**6** Unta la vela azul con el aceite esencial, frotando desde la parte superior hacia la base. Haciendo presión, introduce la vela en una de las mitades de la manzana de tal manera que quede fijada en esa posición.

**7** Enciende la vela y di, mientras arde: «Dama del lago, tú que tienes muchos nombres, prendo la llama sagrada para rendirte honores».

**8** Mientras arde la vela, come la otra mitad de la manzana e imagina que tienes el coraje, la fuerza y el poder necesarios para alcanzar tus objetivos.

**9** Cuando la vela se haya consumido por completo, agarra la otra mitad de la manzana y entiérrala en el patio trasero de tu casa o arrójala a un arroyo, un lago u otro cuerpo de agua. No olvides darle las gracias a la dama del lago por su ayuda.

# ACEITE DE BRIGID PARA LA CREATIVIDAD Y LA SANACIÓN

*Brigid es la diosa celta de la poesía, la sanación y la elaboración artesanal. Con el tiempo se transformó en la católica santa Brígida; en Haití y Nueva Orleans se la conoce como Maman Brigitte. Con este aceite puedes desbloquear los muchos aspectos que son sagrados para Brigid / santa Brígida / Maman Brigitte. Si eres escritor, escritora, actor, actriz, artista o alguien que quiere manifestar un nuevo emprendimiento creativo, este aceite te será útil. Aplícatelo detrás de las orejas y en las muñecas, y utilízalo para ungir velas o cualquier herramienta o artículo que emplees en tus actividades creativas (bolígrafos, zapatos de baile...).*

- ◆ Aceite de almendras
- ◆ Botella de vidrio de color ámbar
- ◆ 3 gotas de aceite esencial de sangre de dragón
- ◆ 3 gotas de aceite esencial de ámbar
- ◆ 3 gotas de aceite esencial de romero
- ◆ 1 pizca de verbena
- ◆ 1 pizca de hojuelas de chile (pimientos rojos picantes en escamas)

**1** Vierte el aceite de almendras en la botella de color ámbar, asegurándote de dejar un poco de espacio para los aceites esenciales.

**2** Añade los aceites de sangre de dragón, ámbar y romero.

**3** Espolvorea la verbena sobre la botella y di: «Pido tus bendiciones y tu inspiración divina, oh Brigid, diosa, santa y loa;* encanta este aceite para que tenga propiedades sanadoras».

---

* N. del T.: En referencia a la diosa Brigid, santa Brígida y Maman Brigitte; esta última es una loa. Los/las loas son los espíritus del vudú

**4** Espolvorea las hojuelas de chile sobre la botella mientras dices: «Tú que sostienes la llama sagrada, infunde en mí creatividad y fama».

**5** Cierra la tapa y agita bien la botella. Utiliza este aceite cuando quieras estimular tu creatividad o para que contribuya a la sanación. Guárdalo en un lugar oscuro, como puede ser un armario o un cajón.

de Haití y del vudú de Luisiana; no son deidades, sino intermediarios entre el Creador Supremo y la humanidad.

# BEBIDA BRUJERIL DE MANIFESTACIÓN MÁGICA

*Sin duda has oído hablar del bloqueo del escritor, pero ¿sabías que los brujos y brujas pueden bloquearse de una manera similar? Podemos experimentar bloqueos emocionales, espirituales y en el terreno de la creatividad. Esta infusión mágica elimina todos los bloqueos y atrae vibraciones creativas, además de que potencia las habilidades psíquicas y mágicas. Toma este brebaje tan especial antes de acostarte; bébelo de una taza negra, porque esto potenciará su efecto.*

- ◆ Tazón pequeño
- ◆ 1 cucharada de manzanilla
- ◆ 1 cucharada de toronjil
- ◆ 1 cucharada de lavanda
- ◆ 1 cucharada de vainilla
- ◆ ½ cucharadita de artemisa
- ◆ Entre 235 y 240 ml de agua caliente*
- ◆ Colador de té o estopilla
- ◆ Taza, preferiblemente negra
- ◆ Leche
- ◆ Miel

1 En el tazón pequeño, mezcla todas las hierbas secas (la manzanilla, el toronjil, la lavanda, la vainilla y la artemisa).

2 Sumerge dos cucharaditas de la mezcla de hierbas en el agua caliente, ya sea en un colador o en una estopilla, durante unos cinco minutos.

3 Cuela la infusión con el colador de té o la estopilla y vierte el líquido en la taza. Endúlzalo con leche y miel, al gusto.

---

* N. del T.: En el original se indican 8 onzas líquidas estadounidenses, que equivalen a 236,6 mililitros.

**4** Encuentra un lugar acogedor y tranquilo en el que relajarte y tomar la infusión.

**5** Mientras tomas el brebaje, cierra los ojos y visualiza cómo desaparecen todos los bloqueos y obstáculos, y cómo tu imaginación y tus pasiones regresan con toda su fuerza.

# LOCIÓN LUNAR DE DIANA

*Diana es la antigua diosa romana de la luna y el bosque, y protectora de las mujeres. Es la cazadora divina y en épocas posteriores pasó a ser considerada la diosa de las brujas. Las brujas están muy conectadas con la luna, y esta pequeña loción fortalece dicha conexión. Utilízala siempre que un hechizo requiera una fase lunar específica y no sea el momento adecuado o cuando quieras conectarte con la luna o con Diana. No solo dejará tu piel suave como la seda, sino que también sentirás que tu magia se potencia.*

- ◆ 4 gotas de aceite esencial de jazmín
- ◆ 2 gotas de aceite esencial de loto
- ◆ 1 gota de aceite esencial de sándalo
- ◆ Entre 235 y 240 ml de loción corporal no perfumada (con tapón de rosca)*

**1** Añade las gotas de los aceites esenciales de jazmín, loto y sándalo directamente al recipiente que contiene la loción no perfumada.

**2** Mezcla los aceites con la loción removiendo en el sentido de las agujas del reloj con el dedo.

**3** Mientras remueves, di: «Diana, amada de las brujas, anhelo una bendición; encanta con el poder de la luna esta loción».

**4** Una vez que hayas mezclado bien los aceites, puedes conservar la loción en el recipiente en el que venía o verterla en otro recipiente que pueda cerrarse correctamente (un frasco con tapón de rosca, por ejemplo).

---

\* N. del T.: En el original se indican 8 onzas líquidas estadounidenses, que equivalen a 236,6 mililitros.

# AFRODI-TÉ

*No hay nada como una buena poción de amor, y si tiene un nombre tan divertido, mejor que mejor. Los afrodisíacos son estimulantes mágicos para los sentidos que ofrece la naturaleza; son, más específicamente, los estimulantes de tipo romántico y psíquico. Como sugiere el nombre afrodisíacos, están regidos por Afrodita, la diosa griega del amor, el romanticismo y el placer. Prepara esta taza de amor un viernes por la noche antes de una cita para incrementar tus probabilidades de encontrar una relación o combínala con otro hechizo de amor para aumentar su potencia.*

- Tazón pequeño
- 2 cucharadas de pétalos de rosa secos
- 2 cucharadas de lavanda seca
- ½ cucharadita de jazmín seco
- 1 cucharadita de extracto puro de vainilla
- Entre 235 y 240 ml de agua caliente*
- Colador de té o estopilla
- Taza
- Leche
- Miel

**1** En el tazón pequeño, mezcla los pétalos de rosa, la lavanda, el jazmín y el extracto de vainilla.

**2** Pon una cucharada de la mezcla indicada en el agua caliente y deja que repose durante cinco minutos por lo menos.

**3** Cuela la infusión y vierte el líquido en una taza. Endúlzalo con leche y miel, al gusto.

**4** Bebe la infusión y deja que tu mente divague pensando en el amor y en la persona que deseas manifestar.

---

\* N. del T.: En el original se indican 8 onzas líquidas estadounidenses, que equivalen a 236,6 mililitros.

# HECHIZO DE TRABA «HOLA, MONIGOTE»

*Si te encuentras en una situación en la que otra persona se muestra hostil hacia ti, dice chismes sobre ti o interfiere en tu vida de forma negativa, podría ser apropiado dejarla fuera de juego por un tiempo. Este hechizo no dañará a la persona en cuestión ni le provocará daños físicos, pero le impedirá lastimarte y ocasionarte más dolor o incomodidad. A menos que quieras hacer tu propio muñeco, podrás encontrar uno casi en cualquier tienda de artesanía o manualidades. Si quieres hacerlo tú, corta dos pedazos de tela en forma de hombre de jengibre (ver ilustración en la página siguiente), cóselos e introduce un relleno de algodón.*

- Pedacito de papel (del tamaño de un pósit)
- Bolígrafo rojo
- Bolígrafo negro
- Muñeco de trapo con forma humana
- Cordel negro de 60 cm
- Caja de zapatos vacía
- Cinta adhesiva negra

1 Escribe el nombre de la persona en cuestión en el papelito con el bolígrafo rojo. Si sabes su fecha de nacimiento o su signo astrológico, escríbelo también, para que el hechizo sea más potente y conecte más con el objetivo.

2 Con el bolígrafo negro, traza nueve líneas sobre el nombre de la persona. Cada vez que traces una de las líneas, di: «Por más que le pongas empeño, no puedes resistir este encantamiento».

3 Agarra el monigote y adjúntale el papelito pasando el cordón alrededor de ambos. Si la persona ha estado diciendo chismes sobre ti, cúbrele la cara con el cordón y átale los brazos y las piernas. Repite estas palabras

mientras realizas las ataduras: «Te ato, _____ [nombre de la persona], para que no me hagas daño. Mientras sigas así, estarás atado(a) a este encantamiento».

**4** Deja suficiente cordel para poder hacer tres buenos nudos cuando hayas terminado de efectuar estas ataduras, para rematar la faena.

**5** Cuando el monigote esté completamente atado, introdúcelo en la caja de zapatos y cierra bien esta, con la cinta adhesiva. Ocúltalo en la parte trasera de tu armario ropero, garaje o desván.

**6** Para deshacer el hechizo, cuando lo consideres oportuno, recupera el monigote y corta el cordón con unas tijeras mientras dices: «Espero que, en este tiempo, hayas recapacitado. Ahora es el momento de romper este hechizo». A continuación, espolvorea un poco de sal sobre el muñeco y quema el papel. Puedes limpiar el monigote con humo, sal y una pizca de agua para volver a usarlo con otra persona u otro propósito. Otra opción es que lo quemes.

**LIBRO DE MANIFESTACIÓN PARA BRUJOS Y BRUJAS**

# RITUAL DE JÚPITER PARA MANIFESTAR ALGO MATERIAL

*Júpiter es el rey de los dioses; gobierna los cielos y observa a la humanidad desde la distancia. Tiene monedas de oro y otros tesoros, que le encantan. No podríamos acudir a alguien más apropiado si queremos disfrutar de algún lujo. Si te pones a Júpiter de tu lado, el cielo es el límite. Realiza este ritual un jueves, día dedicado a Júpiter.*

- Vela de campanilla roja
- Cerillas o un encendedor de bolsillo
- Plato resistente al calor (de cerámica si puede ser)
- Foto o imagen de un águila
- 1 pizca de agrimonia
- 1 pizca de milenrama
- 1 pizca de manzanilla
- Algo que simbolice lo que deseas (por ejemplo, unas llaves para simbolizar un coche o una vivienda nuevos, un papelito con una cantidad de dinero anotada, un folleto turístico, etc.)
- 1 pedazo de tela de color púrpura de unos 7,5 x 7,5 cm
- 1 pieza de lapislázuli (pulida o en bruto)

**1** Calienta la parte inferior de la vela de campanilla con una cerilla y ponla derecha sobre el plato.

**2** Pon la imagen del águila frente al plato y la vela.

**3** Coloca ambas manos sobre la imagen y di: «Poderoso Júpiter: te estoy llamando, señor del cielo; por favor, escúchame y responde a mi ruego».

**4** Espolvorea la agrimonia, la milenrama y la manzanilla, una tras otra, con un movimiento circular alrededor de la vela.

**5** Pon las dos manos directamente sobre la vela y di: «Como Medea y Circe, uso hierbas porque son poderosas. Te pido, oh Júpiter, que potencies mi hechizo en esta hora».

**6** Enciende la vela. Mientras arde, sostén entre las manos el objeto que simboliza lo que deseas y cierra los ojos. Concéntrate en tu intención. Imagina aquello que quieres. Visualízate jugando con tu nueva videoconsola, viendo una película en tu nuevo televisor gigante, entrando en tu hermosa casa nueva...; lo que sea que desees.

**7** Deja que la vela se consuma totalmente.

**8** Cuando haya ardido toda la vela, recoge las hierbas y los restos de cera y envuelve todo ello con la tela púrpura, junto con la imagen del águila y el lapislázuli.

**9** Conserva este paquetito en tu altar, junto a tu ventana o en tu mesa de noche, hasta que tu deseo se haga realidad.

**10** Cuando recibas lo que has manifestado, dale las gracias a Júpiter quemando el paquetito de manera segura y soplando las cenizas para que salgan por una ventana o por la puerta de entrada. Entierra la piedra y cualquier otro resto que no se haya reducido a cenizas.

# DELICIOSO PASTEL DEL DIABLO

*Es un error habitual pensar que los brujos y brujas ado-*
*ran a la figura judeocristiana conocida como Satanás. Es*
*cierto que en la brujería tradicional y el folclore trabajan*
*con una entidad o espíritu al que suelen llamar «el diablo».*
*Pero este «diablo» es un maestro de sabiduría y, sobre todo,*
*una recreación moderna de varios dioses paganos antiguos.*
*¿Sientes que estás atrapado en la rutina? ¿Tienes miedo de*
*practicar en serio la magia o la brujería? Tal vez estés pen-*
*sando demasiado y gastando demasiado tiempo tratando*
*de seguir las reglas. Aprenderás cómo obtener tu deseo ce-*
*diendo al deseo, para empezar. Hornea este pastel esponjoso*
*y licoroso.*

- 1 paquete de mezcla para pastel del diablo (*devil's food cake mix*) de 430 g
- Aceite, huevos y agua (en las cantidades que consten en el paquete indicado en el punto anterior)
- Tenedor de plata
- Entre 175 y 180 ml de ron oscuro*
- Vela de cumpleaños roja
- Cerillas o un encendedor de bolsillo

1 Elabora el pastel del diablo de acuerdo con las instrucciones del paquete.

2 Tras haberlo horneado, ponlo sobre una rejilla para que se enfríe durante cinco minutos; a continuación, vuélcalo.

3 Con el tenedor de plata, haz agujeros en todo el pastel mientras dices: «Hago este pastel para atraer al diablo; enséñame el oficio, que soy un sublevado».

* N. del T.: En el original se indican 6 onzas líquidas estadounidenses, que equivalen a 177,4 mililitros.

4 Vierte el ron sobre el pastel y deja reposar unos treinta minutos.

5 Corta un pedazo del pastel para tomarlo seguidamente e inserta la vela de cumpleaños en el trozo cortado.

6 Enciende la vela y di: «Diablo, por favor, que mi deseo esté al caer, y haz que mi vida sea tan deliciosa como este pastel».

7 Cierra los ojos, respira hondo e imagínate libre de reglas y de cualquier cuestión que te agobie. Piensa en tu magia y en lo que deseas lograr.

8 Sopla la vela y cómete el trozo de tarta.

9 Puedes conservar el resto del pastel para ti u ofrecerlo a familiares y amigos que necesiten soltarse un poco.

# ALMOHADILLA PROFÉTICA DE APOLO

*Apolo es el dios grecorromano de la sanación, la música, el sol y las profecías. Su templo sagrado de Delfos era famoso por albergar a las sacerdotisas conocidas como pitias (pitonisas), que revelaban profecías, predicciones y presagios, y pronunciaban palabras de sabiduría. Personas de todo el mundo peregrinaban hasta este templo sagrado para obtener información sobre cuestiones importantes para ellas. Haz esta almohadilla un domingo por la tarde y duerme con ella para potenciar tus capacidades predictivas. Si tienes alguna herramienta de adivinación, como el tarot, cartas oraculares o un péndulo, puedes ponerla al lado, debajo o encima de la almohadilla para fortalecer las vibraciones psíquicas de esta herramienta.*

- ◆ 2 trozos de tela púrpura de unos 7,5 x 7,5 cm
- ◆ Aguja de coser
- ◆ Hilo de color púrpura
- ◆ 3 pizcas de artemisa
- ◆ 3 pizcas de lavanda
- ◆ 3 pizcas de hierbaluisa
- ◆ 3 hojas de laurel enteras
- ◆ 1 amatista pequeña
- ◆ 1 citrino pequeño

**1** Superpón los cuadrados de tela y cose tres de los lados utilizando la aguja de coser y el hilo púrpura.

**2** Dale la vuelta a la almohadilla de tal manera que las costuras que acabas de coser queden en la parte de dentro, y llénala con las hierbas y cristales. A continuación, cose el lado que faltaba, para cerrarla.

**3** Sostén la almohadilla entre las manos y di: «Concédeme el don de la visión, señor Apolo. Te lo pido por favor, espíritu luminoso».

**4** Mete la almohadilla profética dentro de la funda de tu almohada y duerme con ella.

**5** Sé consciente de cualquier sueño enigmático que puedas tener y escríbelo al despertar. Tómate tiempo para trabajar con tus herramientas de adivinación y confía en tu intuición.

# BOLSITA DE VERBENA DRUIDA

*La verbena, hierba sagrada para los druidas, tiene muchas propiedades mágicas. Se utiliza para promover el amor y el desarrollo psíquico, obtener protección y potenciar los hechizos y la magia. El hecho de ser brujo o bruja o practicar la brujería puede ocasionar que se burlen de ti, que te estigmaticen o que cuenten chismes sobre ti. Lleva esta bolsita contigo no solo para que te beneficie el poder ancestral de esta hierba, sino también para protegerte de quienes quieran hacerte daño.*

- ◆ 2 trozos de tela negra de unos 7,5 x 7,5 cm
- ◆ Aguja de coser
- ◆ Hilo de color negro
- ◆ 3 cucharadas de verbena
- ◆ 1 cucharada de sal

**1** Superpón los cuadrados de tela y cose tres de los lados.

**2** Introduce la verbena y la sal en la bolsita de tela. A continuación, cose el lado que faltaba, para cerrarlo.

**3** Sostén la bolsita entre las manos, cierra los ojos y di: «Hierba sagrada de druidas y brujas, protégeme de los chismes, la malicia y las brujas. Mejora mi poder, fortalece mi magia y deja que quienes me lastiman conozcan la desgracia».[*]

---

[*] N. del T.: En esta invocación, la segunda aparición del término *brujas* hace referencia a 'personas maliciosas o desagradables'. En cuanto a los malos deseos expresados al final de la invocación, aunque la traducción no es literal con el fin de conseguir un efecto poético (como en el original), lo que sería la traducción literal no muestra un talante más compasivo: «Mejora mi poder, fortalece mi magia y deja que quienes me lastiman se encuentren en un estado mucho más trágico».

# PEDIRLE UN DESEO A UNA ESTRELLA

*Si has visto Pinocho de Disney o has leído cuentos de hadas en la infancia, tendrás una idea de lo que significa pedirle un deseo a una estrella. En el tarot, la Estrella representa la esperanza; cuando sale en una lectura, significa que no hay que renunciar a los propios sueños o metas. Realiza este hechizo bajo el influjo de la luna nueva o un lunes por la noche cuando quieras que se te conceda un deseo, por más extravagante o imposible que pueda parecer este.*

- 1 varilla de incienso de jazmín
- Portainciensos
- Cerillas o un encendedor de bolsillo
- Vela de campanilla blanca
- Portavelas
- Carta de la Estrella de una baraja de tarot

1 Aíslate en una habitación en la que te sientas a gusto, enciende la varilla de incienso y agítala por el lugar mientras se quema para esparcir el humo, con el fin de que este purifique el aire y cargue el espacio para que pueda acoger la magia que estás a punto de practicar. A continuación, coloca la varilla en el portainciensos.

2 Enciende la vela de campanilla blanca.

3 Retira la carta de la Estrella de una baraja de tarot, agítala a través del humo del incienso y di: «Estrella brillante, luz estelar, que esta noche mi deseo se haga realidad».

4 Agita la carta sobre la llama de la vela (teniendo cuidado de no quemarla ni quemarte tú) y di: «Como una llama de puro anhelo, que mi deseo se encienda con fuego».

**5** Enfócate en tu deseo mientras dejas que tanto el incienso como la vela se consuman totalmente.

**6** Deja la carta de la Estrella en tu altar o en tu mesa de noche o adhiérela a tu espejo con cinta adhesiva durante la próxima semana para verla constantemente y acordarte, así, de mantener la esperanza.

# BOLSA DE ENCANTAMIENTO CON CORDÓN DEL DIABLO

*El cordón del diablo es una raíz extremadamente conocida en el ámbito de la magia popular estadounidense sureña y en el judú, que se puede usar en hechizos y objetos mágicos centrados en la suerte, el juego, detener los chismes, eliminar maldiciones y maleficios, y obtener un empleo o incluso conseguir un ascenso. Esta raíz se puede comprar en tiendas en línea y en algunas tiendas de artículos esotéricos y herbolarios. Haz esta bolsa de encantamiento un sábado y llévala contigo cuando necesites más suerte de lo habitual y quieras que la balanza se incline a tu favor; por ejemplo, cuando vayas a pedir un ascenso, a presentarte para un trabajo o a pedir un favor, o cuando necesites que la decisión que has tomado tenga buenas consecuencias.*

- ◆ 3 trozos de cordón del diablo
- ◆ Bolsa con cordón roja de algodón o franela
- ◆ 3 monedas (de cualquier tipo)
- ◆ 2 dados

1 Sostén los trozos de cordón del diablo en la mano y di: «Por la cola al diablo sacudo y con su suerte obtendré lo que busco». Introdúcelos en la bolsa.

2 Sostén las tres monedas y di: «Tres veces tres y nueve veces nueve, lo que deseo ya me pertenece». Incorpóralas a la bolsa.

3 Sostén los dados en la mano y di: «Tres veces los dados tiro; espero que la suerte esté a favor mío». Añádelos a la bolsa.

4 Cierra bien la bolsa, haciendo tres nudos.

# LLAVE DE ESQUELETO DE HÉCATE

*Hécate es una de las deidades más antiguas asociadas con la brujería. Titán primordial de la antigua Grecia, es la diosa de la luna, el inframundo, la brujería y las encrucijadas. Por lo general, se la representa con tres cabezas. Si hay alguien que pueda ayudarte a manifestar, es ella. Crea este objeto mágico bajo el influjo de la luna oscura (la noche anterior a la luna nueva; estas horas son sagradas para Hécate). Llévalo contigo cuando afrontes dificultades, pues la llave de Hécate puede abrir cualquier puerta y superar cualquier obstáculo. Esta llave mágica puede ayudar cuando necesites que alguien acceda a algo en lugar de seguir negándose. También puede ayudarte a despertar el tercer ojo y puede contribuir a levantar el velo para que puedas comunicarte con los espíritus y a conectarte con tus guías. Podría muy bien ser que tuvieses sueños vívidos después de activar este objeto encantado. Y presta atención a las señales de la naturaleza, ya que Hécate podría enviarte mensajes.*

- ◆ Cerillas o un encendedor de bolsillo
- ◆ 1 varilla de olíbano
- ◆ Portainciensos
- ◆ Llave *vintage* o antigua
- ◆ 1 gota de aceite de oliva
- ◆ Platito negro
- ◆ 1 pizca de lavanda
- ◆ 3 hojas de laurel trituradas
- ◆ 1 pizca de cebada (puede sustituirse por manzanilla)

1 Con las cerillas o el encendedor, enciende el olíbano y ponlo en el portainciensos.

2 Unge la llave con la gota de aceite de oliva. A continuación, sostenla con la mano izquierda y di: «Hécate, escucha mi llamada; encanta, por favor, esta llave sagrada».

**3** Pon la llave sobre el platito. Espolvorea la lavanda sobre la llave y di: «Hierba de los sueños, la limpieza y la renovación, revive mi poder y dale vigor».

**4** Espolvorea las hojas de laurel trituradas sobre la llave y di: «Hierba sagrada para el dios de la luz, encanta esta llave en esta noche sin luz».

**5** Espolvorea la cebada (o la manzanilla) sobre la llave y di: «Hécate, te honro y no dejaré de honrarte mientras lleve encima esta llave».

**6** Pasa la llave por el humo del incienso y di: «Por Hécate, hechizo esta llave. En adelante, todas las puertas se abren».

**7** Echa las hierbas del platito en el patio trasero de tu casa. Duerme con la llave debajo de la almohada durante tres noches consecutivas. Puedes atar la llave a un cordelito y llevarla puesta como amuleto, ponerla en tu altar o llevarla en un bolsillo.

# CAPÍTULO 7

# Haz tuyas tus manifestaciones

¡No hay nada más mágico que hacer magia! (valga la redundancia). Al irte familiarizando con los conceptos básicos de la brujería y con los hechizos y rituales de este libro, con el tiempo sentirás mayor comodidad a la hora de introducir modificaciones en los hechizos o de personalizarlos para que satisfagan mejor tus necesidades. Algunos hechizos deben hacerse, en principio, en determinados días o dentro de determinadas fases lunares; ahora bien, como hemos visto, siempre hay margen de maniobra. ¿Necesitas realizar un hechizo asociado a la luna llena? No tienes por qué esperar tres semanas; hazlo un lunes por la noche (como sabemos, el lunes es el día de la luna; está asociado a la energía y la magia lunares). No estarás haciendo trampa y el hechizo no se verá afectado; estarás trabajando con las energías adecuadas, pero usándolas de una manera diferente.

# La personalización de los hechizos y rituales

◇◇◇◇◇◇◇◇◇◇◇◇

Cuando se están dando los primeros pasos en una práctica espiritual como la brujería, siempre se recomienda atenerse a las reglas y pautas. Sin embargo, a menos que estés comprometido o comprometida con la religión *wicca* o con otro camino religioso o espiritual hasta el punto de ser un iniciado, no tienes que preocuparte por la estructura de tu práctica, porque en última instancia es *tu* práctica. Sé que algunas personas pueden sentirse incómodas modificando hechizos y rituales que ven en los libros por temor a hacer algo mal o a que el resultado no sea tan bueno como desearían. Pero el elemento central de los hechizos es la energía que proviene de quien los hace. Tu intención es el ingrediente principal.

Algo importante que se debe tener en cuenta es que la brujería es una práctica popular regional basada en las creencias de cada comunidad. Por ejemplo, una bruja de Irlanda usaría en un hechizo de amor unos ingredientes diferentes de los que utilizaría una bruja del Caribe. ¿Por qué? La razón de ello es que la agricultura es diferente, la relación de las personas con las plantas es diferente e incluso los espíritus son diferentes. Hoy en día, tenemos acceso a Internet, así como a tiendas de artículos esotéricos que se adaptan a variados credos espirituales y culturales, lo que hace que sea fácil conseguir casi cualquier hierba o cristal. Si echamos un vistazo al siglo XVII, veremos que las hierbas y herramientas utilizadas por los practicantes de magia eran de origen local; los hechizos requerían quizá uno o dos artículos difíciles de conseguir, que se adquirían a través de cauces comerciales o en un mercado. La mayoría de los hechizos que se realizan actualmente evolucionaron a partir de los que se practicaban en siglos anteriores y, por lo tanto, incluyen elementos que no son de uso nada habitual hoy en día, pero que eran bastante comunes en aquel entonces. La mayoría de las hierbas y artículos que se mencionan en este libro son bastante fáciles de adquirir; en cualquier caso, no pasa absolutamente nada por hacer modificaciones según sea necesario.

# Las modificaciones en las listas de elementos

◇◇◇◇◇◇◇◇◇◇◇◇

Algunos hechizos pueden requerir hierbas raras y venenosas, como la *Atropa belladonna* (belladona mortal) o el estramonio (trompeta de ángel). En la actualidad pueden ser más difíciles de conseguir, pero en los viejos tiempos se recogían fácilmente del jardín o se hallaban en un bosque de los alrededores. Si te encuentras con un hechizo que deseas realizar pero requiere alguna hierba difícil de encontrar, cara o peligrosa, sustituye ese elemento por otro más accesible pero que también sea potente. El romero se puede usar para sustituir *cualquier* planta o hierba que no se pueda conseguir. Lo mismo ocurre con partes de animales como huesos, patas, garras, pelaje, piel o dientes, que pueden ser elementos habituales en rituales y hechizos. Muchos de estos artículos se pueden encontrar en línea, pero antes de comprarlos, asegúrate de que su procedencia sea ética. Si no quieres utilizar artículos de este tipo por razones personales o no puedes obtenerlos, la piedra de sangre es un sustituto perfecto para todas las partes de animales. Lo mismo puede decirse de otros artículos, como los cristales y las piedras. ¿Estás realizando un hechizo que requiere lapislázuli pero no tienes? En su lugar, emplea un cuarzo transparente, ya que el cuarzo puede sustituir fácilmente y con éxito a cualquier cristal.

Los hechizos incluidos en este libro requieren hierbas comunes, populares en el ámbito de la brujería. Pero si eres un brujo o una bruja novel o si no has «salido del armario» como brujo, es posible que no tengas acceso a dichas hierbas. En este caso, el romero será tu mejor amigo. La verbena del «imán de verbena para manifestar» (página 134), por ejemplo, se puede sustituir fácilmente por el romero. Si no tienes una colección de velas de diversos colores, una vela blanca puede representar cualquier color. Si sientes incomodidad a la hora de formular un hechizo en voz alta, escríbelo o dilo en tu mente. Si no tienes un patio trasero privado en el que enterrar los restos de tus hechizos, recíclalos o entiérralos en una maceta en la que haya una planta. Y sea cual sea tu manera de abordar los hechizos, acude siempre a la intuición. ¿Hay algo que te gustaría añadir a un hechizo para darle un toque personal o potenciar aún más la magia? Hazlo.

Hacer modificaciones o realizar sustituciones en los hechizos fomenta una relación cómoda y familiar con las herramientas y los procesos mágicos. Por ejemplo, la mayoría de los rituales tienen un componente teatral, ya que son, en parte, actuaciones, pero cuando estamos solos, podemos estar seguros de que los espíritus y las energías con los que trabajamos saben qué deseamos manifestar sin que sea necesario agitar los brazos dramáticamente para lograr un efecto. Esto no quiere decir que no debas poner todo tu empeño en el ritual; quiere decir que puedes dedicar más energía y atención a establecer la conexión con el espíritu o la intención que en la ejecución del ritual.

# La creación de hechizos y rituales propios

Cuando ya domines los hechizos y los rituales que contiene este libro, tal vez querrás probar a crear los tuyos propios. Esta práctica fortalecerá tus habilidades en cuanto a la manifestación, fomentará tu conexión con la brujería y hará que tu vínculo con el mundo espiritual y las energías que te rodean sea más profundo. Aquí tienes unas pautas simples para que empieces a crear tus hechizos y rituales:

**Comienza a escribir tu grimorio.** Un grimorio (conocido como *libro de sombras* en la religión *wicca*) es la recopilación personal de correspondencias, hechizos y rituales del brujo o la bruja. El grimorio es el lugar en el que mantener un registro de las prácticas y lo que se emplea en ellas. Para empezar, comienza por registrar hechizos y rituales que hayas probado y disfrutado. También puedes incluir todos tus gráficos y tablas de correspondencias al principio del grimorio, para que te resulte fácil consultarlos. Al hacer tu propio grimorio, tendrás un lugar específico en el que consultar los hechizos y la información esencial que necesitas para obrar magia.

**Decide tu meta, propósito o intención.** ¿Qué es lo que deseas lograr? Tal como vimos al comienzo del libro, tendrás que identificar tu objetivo, tu propósito o tu intención en relación con cualquier hechizo o ritual que desees hacer, incluidos los que crees tú. Reflexiona sobre lo que quieres y hazlo con la máxima precisión que puedas.

**Elige tus herramientas y componentes.** El siguiente paso para crear tu propio hechizo consiste en decidir qué quieres usar para invocar la manifestación de tu deseo. Examina las tablas de correspondencias de hierbas y piedras para ver qué elementos presentan las asociaciones que más te convienen. Recuerda la práctica de la magia simpática y que lo similar afecta a lo similar. Al elegir herramientas, déjate llevar por la creatividad y escoge las que puedan representar tu deseo. ¿Quieres un coche nuevo? ¿Por qué no usas un coche de juguete para representarlo? ¿Quieres atraer a una nueva pareja? Ken o Barbie pueden sustituir fácilmente al novio o la novia de tus sueños.

**¿Cuándo es el momento mágico?** El siguiente paso consiste en determinar el momento adecuado en el que poner en marcha el proceso. ¿Realizarás tu hechizo en la hora de las brujas? ¿Qué día? Usa las correspondencias que se ofrecen en este libro o las que incluyas en tu grimorio para encontrar el día y el momento del día apropiados. También puedes buscar festividades o celebraciones significativas que puedan correlacionarse con lo que deseas manifestar.

**¿A quién le pedirás que te asista y qué le dirás?** ¿Llamarás a deidades o espíritus guías? Cuando hayas decidido, si es el caso, que determinados espíritus y energías participen en tu ritual o hechizo, deberás incorporar ofrendas, símbolos o elementos relevantes que los atraigan. Si quieres usar palabras de poder o cánticos en tu hechizo, determina qué dirás exactamente: tu formulación puede rimar si quieres y puedes decirla en voz alta, mantenerla en tu mente o escribirla.

**Escríbelo y haz que suceda.** Una parte esencial del proceso de creación de un hechizo o ritual propio es escribirlo sobre papel; más específicamente, en el grimorio. Puedes anotar muchos detalles o no, pero asegúrate de incluir los elementos necesarios, por qué los has elegido, los pasos precisos para realizar el hechizo y cualquier otra información clave. Cuando esté todo escrito, ya podrás ponerte manos a la obra.

# Tu práctica

◇◇◇◇◇◇◇◇◇◇◇

Ya está todo listo para llevar tu manifestación al siguiente nivel con las habilidades y herramientas que has aprendido de este libro. Recuerda que para manifestar algo no basta con desearlo o quererlo desesperadamente. Debemos creer que podemos tenerlo o hacer que aparezca en nuestra vida a pesar de todos los obstáculos que pueda haber o que puedan presentarse. Para manifestar, tenemos que creer que eso sucederá contra viento y marea. Si creemos que eso se producirá, entonces ocurrirá. En esto tienen un papel importante la fe y la imaginación. ¿Recuerdas cuando jugabas a los piratas? ¿Recuerdas cuando celebrabas una fiesta en casa a la que acudían otros niños y jugabais? ¿Alguna vez mataste un dragón cuando eras niño? Es hora de que vuelvas a conectar con tu niño o niña interior. Si fortaleces tu imaginación, no solo podrás manifestar como un profesional, sino también realizar hechizos como el brujo o la bruja supremo(a) que eres. Es una combinación de tu deseo como brujo o bruja, tu imaginación y la esencia de los espíritus que residen en los elementos e ingredientes elegidos lo que hará que tus intenciones lleguen al universo. Pero el mago o la maga eres tú.

Mejora tus habilidades relativas a la manifestación permitiéndote, primero, querer cosas. No hay nada que esté fuera de tu alcance. No te limites. ¿Quieres ser una estrella de cine? Haz que suceda. Obviamente, tendrás que trabajar en pos de tu objetivo además de hacer magia (tendrás que formarte como actor o actriz, acudir a audiciones, etc.), pero nada es imposible. Esto es lo primero que tienes que aceptar y creer para conseguir lo que quieres. El siguiente paso es mantener el compromiso. Un pequeño hechizo realizado con una vela no te convertirá en la próxima Lady Gaga o en el próximo Denzel Washington. Como he dicho anteriormente, hay que trabajar en lo mundano para fortalecer lo mágico. Si realmente quieres algo, trabaja para lograr ese objetivo.

Al realizar hechizos, tienes que estar totalmente presente en esta actividad. La magia requiere dedicación y compromiso. Y antes de ponerte manos a la obra, infórmate sobre la historia de las herramientas y los elementos mágicos. ¿Por qué prefieren una determinada hierba los brujos y brujas para un uso en concreto? Cuanto más sepas sobre los elementos y las herramientas que utilices, más conectarás con ellos y ellos contigo. El conocimiento es poder. Ahora concéntrate en tu intención, piensa en lo que quieres manifestar en este momento y deja que empiecen a producirse la manifestación y la magia. ¡La vida es una bruja y tú también lo eres!

# TABLAS DE CORRESPONDENCIAS

| COLORES DE VELA | |
|---|---|
| **AMARILLO** | Brillantez, alegría, claridad, comprensión, clarividencia, deshacer maleficios, librarse de energías negativas, protección y orientación. |
| **AZUL** | Paz y tranquilidad. |
| **BLANCO** | Vida, fertilidad, nutrición, bondad, equilibrio, muerte y estructura. |
| **GRIS** | Conocimiento, comunicación, comunicación con los espíritus, neutralización de energías negativas y sabiduría. |
| **ÍNDIGO** | Renovación, relajación, reflexión y nuevos comienzos. |
| **MARRÓN** | Tierra, fuerza, equilibrio, justicia, magia de tierra, espíritus de la naturaleza y hechizos que tengan que ver con animales y mascotas. |
| **NARANJA** | Energía, exuberancia, valentía, el sol, resultados positivos, éxitos laborales y cumplimiento de deseos. |
| **NEGRO** | Sabiduría, muerte, renovación y resurrección. |
| **ORO** | Abundancia, prosperidad, atracción y dinero. |
| **PLATA** | Clarividencia, maternidad, matrimonio, trabajo psíquico, dinero, estabilidad económica y paz. |
| **PÚRPURA** | Realeza, lo divino, poder y lo sobrenatural. |
| **ROJO** | Fuerza vital, vitalidad, atracción, sensualidad, deseo, ambición, virilidad, fuerza, nacimiento, muerte, consecución de objetivos, superación de obstáculos y amor. |

| COLORES DE VELA | |
|---|---|
| **ROSA** | Afecto, compasión, belleza, fidelidad, un nuevo amor, felicidad, relaciones románticas, monogamia y matrimonio. |
| **VERDE** | Suerte, prosperidad, riqueza, fertilidad, estabilidad, abundancia y éxito. |

| HIERBAS | |
|---|---|
| **AJENJO** | Predicciones, desarrollo psíquico, sanación, creatividad, amor, paz, sabiduría y magia ancestral. |
| **ALBAHACA** | Felicidad, dinero, confianza, amor y protección. |
| **ANÍS** | Desarrollo psíquico, protección frente al mal y comunicación con los espíritus. |
| **ARTEMISA** | Poderes psíquicos, sueños proféticos, proyección astral, protección cotidiana, trabajo con espíritus, fuerza, trabajo con deidades, nigromancia y adivinación. |
| **CANELA** | Dinero, protección, impulso energético, impulso espiritual, éxito y libido. |
| **CLAVO DE OLOR** | Dinero, suerte y amistad. |
| **DAMIANA** | Amor, sexo, afrodisíaca, lujuria, pasión, romanticismo y atracción. |
| **HIERBA CINCO DEDOS** | Protección, purificación, suerte, adivinación, hechicería, salud y sanación. |
| **HIERBA GATERA** | Amor, sexualidad, paz y protección de los niños. |
| **JAZMÍN** | Magia lunar, amor, energía femenina, espiritualidad, paz, dinero, sexualidad y salud. |
| **LAUREL** | Pedir un deseo, éxito, sanación, visiones psíquicas, limpieza, sabiduría y poder. |
| **LAVANDA** | Protección, sueño, felicidad, paz, proyección astral, meditación, amor y purificación. |

| HIERBAS | |
|---|---|
| **LIMONCILLO** | Purificación, apertura de caminos, hogar en la tierra, trabajo con espíritus y limpieza. |
| **MILENRAMA** | Amor, potenciación de las capacidades psíquicas, sabiduría, valentía, salud mental y claridad. |
| **NUEZ MOSCADA** | Suerte, impulso energético, dinero, elevación de la vibración e incremento de la conciencia psíquica. |
| **PIMIENTA (NEGRA/BLANCA)** | Protección, devolución al emisor, enraizamiento y rompimiento de maldiciones. |
| **PIMIENTA INGLESA** | Sanación, suerte, atracción de negocios, dinero y prosperidad. |
| **RAÍZ DE ANGÉLICA** | Alegría, felicidad, empoderamiento, comunicación espiritual, protección y sanación. |
| **RAÍZ DE VALERIANA** | Amor, purificación, matrimonio, devolución al emisor, purificación ritual y sueño. |
| **ROMERO** | Protección, limpieza, amor, longevidad, salud y potenciación de la magia. |
| **ROSA** | Amor, paz, sexo, romanticismo, belleza y autoestima. |
| **SALVIA** | Apaciguamiento, longevidad, sabiduría, relajación, inspiración, limpieza espiritual y fumigación espiritual. |
| **TOMILLO** | Suerte, sueños, dinero, estabilidad económica y paz. |
| **VERBENA** | Protección, afrodisíaca, inspiración, rompimiento de maldiciones y protección espiritual. |

| ACEITES | |
|---|---|
| **ACEITE DE OLIVA** | Purificación, limpieza, energía divina, despertar espiritual, trabajo con espíritus y purificación ritual. |
| **ALMIZCLE** | Valentía, energía masculina, fertilidad, atracción, lujuria y magia sexual. |
| **ÁMBAR** | Dinero, sensualidad, energía de la diosa, desarrollo psíquico, trabajo con los ancestros y protección. |
| **BERGAMOTA** | Dinero, felicidad, limpieza y paz. |
| **CANELA** | Dinero, suerte, valentía, vitalidad y éxito. |
| **CIPRÉS** | Sanación, alivio, aflicción y longevidad. |
| **EUCALIPTO** | Sanación, protección y liberación respecto de energías negativas. |
| **FLOR DE NARANJA** | Alegría, dinero, felicidad, desarrollo personal y eliminación de pensamientos negativos. |
| **JAZMÍN** | Confianza, amor, sexo, dinero, paz, espiritualidad, ideas o comprensiones y magia lunar. |
| **LOTO** | Magia egipcia, sabiduría, bendiciones y magia de la diosa. |
| **MADRESELVA** | Prosperidad, conciencia psíquica, protección, dulzura de la vida, comprensiones espirituales y cumplimiento de objetivos. |
| **MENTA** | Protección, apaciguamiento, sabiduría, espiritualidad, limpieza, felicidad y estimulación de la actitud positiva. |
| **MIRRA** | Protección, purificación, meditación, enraizamiento, confianza, despertar espiritual y fumigación espiritual. |
| **OLÍBANO** | Protección, purificación, espiritualidad, meditación, ansiedad, alivio del miedo, calma y conciencia elevada. |
| **PACHULÍ** | Fertilidad, energía física, romanticismo, camaradería, yo divino, atracción y dinero. |

## ACEITES

| | |
|---|---|
| **ROSA** | Belleza, amor, sexo, paz, protección psíquica y honestidad. |
| **SÁNDALO** | Cumplimiento de deseos, sanación, espiritualidad, protección, despertar sexual, atracción y conciencia elevada. |
| **SANGRE DE DRAGÓN** | Magia, poder, protección, sanación, suerte y limpieza espiritual. |
| **VAINILLA** | Amor, magia, conciencia mental, energía, sexo, salud mental y relaciones. |
| **VIOLETA** | Amor, cumplimiento de deseos, sanación, calma y paz. |
| **YLANG-YLANG** | Afrodisíaco, atracción, euforia, relajación, dicha, amor y enraizamiento. |

## DÍAS DE LA SEMANA

| | |
|---|---|
| **LUNES** | 'Día de la luna'; deidades lunares, trabajo con los sueños, crecimiento espiritual, trabajos psíquicos y de adivinación, sanación y limpieza. |
| **MARTES** | 'Día de Marte'; valor, resolución de conflictos, virilidad y adquisición de sabiduría o superación de obstáculos. |
| **MIÉRCOLES** | 'Día de Mercurio'; superación personal, comunicación, adivinación, viajes, amistades y comunicación con los espíritus. |
| **JUEVES** | 'Día de Júpiter'; dinero, asuntos legales, suerte y éxito. |
| **VIERNES** | 'Día de Venus'; amor, amistad, arte, creatividad, placer y fertilidad. |
| **SÁBADO** | 'Día de Saturno' [*Saturday*]; eliminación, rompimiento de maldiciones, limpieza, sanación, devolución al emisor y motivación. |
| **DOMINGO** | 'Día del sol' [*Sunday*]; manifestación, energía masculina, poder divino, valentía, hechizos para la felicidad, éxito y oportunidades laborales. |

## CICLOS LUNARES

| | |
|---|---|
| **LUNA NUEVA** | Nuevos comienzos, descubrimiento de la verdad, despertar espiritual, limpieza, protección del hogar y de uno mismo y trabas o amarres. |
| **LUNA CRECIENTE** | Hechizos para conseguir dinero, estabilidad económica, atracción de un empleo, intensidad energética, crecimiento y abundancia. |
| **LUNA LLENA** | Sanación, cumplimiento de deseos, magia de la diosa, prosperidad, trabajo con espíritus, magia de amor y atracción. |
| **LUNA MENGUANTE** | Eliminación, depuración, expulsar la negatividad, protección, cambio y soltar. |

## PIEDRAS

| | |
|---|---|
| **ÁGATA** | Salud, suerte y juego. |
| **AMATISTA** | Combatir adicciones, conciencia psíquica, ideas o comprensiones, sanación, chakra corona y trabajo con espíritus. |
| **ÁMBAR** | Amor, suerte y transformación. |
| **AZABACHE** | Protección, magia de tierra, librarse de espíritus y potenciación de la manifestación. |
| **CITRINO** | Prosperidad, abundancia, dinero, concentración y resistencia. |
| **CORNALINA** | Creación, creatividad, fuerza vital, miedo, estabilidad, virilidad y salud. |
| **HEMATITA** | Salud, enraizamiento, devolución al emisor, relajación, paz y trabajo con espíritus. |
| **JASPE** | Protección y claridad mental. |
| **LÁGRIMA DE APACHE** | Protección, alivio, magia ancestral y limpieza. |
| **LAPISLÁZULI** | Energía divina, protección y salud. |

| PIEDRAS | |
|---|---|
| **OBSIDIANA** | Protección, rompimiento de maldiciones, enraizamiento y trabajo con espíritus. |
| **OJO DE TIGRE** | Enraizamiento, creatividad, sabiduría, ideas o comprensiones, equilibrio emocional y elevación de la vibración. |
| **PIEDRA DE LUNA** | Magia lunar, equilibrio, reflexión, nuevos comienzos, energías creativas e incremento de la intuición o la comprensión. |
| **PIEDRA DE SANGRE** | La «piedra de la valentía»; purificación, expulsión de la negatividad y equilibrio. |

# GLOSARIO

No todas las palabras que aparecen definidas en este glosario se utilizan en el libro, pero las incluyo para nutrir más tus conocimientos relativos a la magia.

**Adivinación:** la práctica de buscar conocimiento acerca del futuro o lo desconocido a través del uso de herramientas o por medios sobrenaturales.

**Altar:** mesa o espacio secreto que se utiliza para realizar rituales, sacrificios, ofrendas o hechizos.

**Amuleto:** ornamento u objeto mágico empleado para protegerse del mal, los peligros o las enfermedades.

**Capnomancia:** método de adivinación consistente en interpretar el humo tras encender un fuego.

**Conjuro:** magia popular estadounidense que incorpora tradiciones africanas, de los nativos americanos, judías, católicas, cristianas y europeas.[*]

**Consagrar:** convertir algo en sagrado; habitualmente, una herramienta que se utilizará con propósitos espirituales o mágicos.

**Cristalomancia:** el arte de contemplar diversas formas y superficies que ofrecen orientación, predicciones y respuestas

---

[*] N. del T.: La palabra *conjuro* tiene otras acepciones, que pueden consultarse en cualquier diccionario.

a posibles preguntas a través de símbolos e imágenes que aparecen.

**Deidad:** un dios, una diosa o un espíritu divino.

**Embrujar:** lanzar un hechizo o encantamiento, habitualmente con malas intenciones (fruto de un deseo de venganza, etc.).

*Esbat:* celebración de la luna nueva y la luna llena en el ámbito de la brujería.

**Escalera de bruja:** cordel o hilo en el que se hacen nudos con fines mágicos; a menudo se le atan plumas, cuentas o conchas, y se conserva como objeto encantado (como talismán, etc.).

**Gafe:** mala suerte, causada mágicamente por otra persona o por no haber hecho caso de una superstición o creencia popular.

**Grimorio:** libro con textos mágicos, normalmente creado por un brujo o una bruja, que contiene correspondencias, sellos y sigilos, hechizos y otra información.

**Hechizos:** magia que se lleva a cabo con el uso de herramientas, palabras pronunciadas o rituales; incluyen el acto de crear un amuleto, un talismán, otro tipo de objetos encantados, un incienso o un aceite con fines mágicos.

**Libanomancia:** adivinación al observar el humo de incienso.

**Magia:** la capacidad de someter o manipular energías, tanto naturales como sobrenaturales.

**Magia sexual:** cualquier tipo de actividad sexual llevada a cabo con fines mágicos, rituales o espirituales. Por lo general, tiene lugar una excitación sexual y la visualización del resultado deseado, que recibe alimento energético y espiritual con el orgasmo.

**Monigote:** muñeco, por lo general relleno de hierbas, destinado a representar a alguien y a ser utilizado con propósitos mágicos.

**Novena:** esta palabra, procedente del término latino que significa 'nueve', designa un estilo tradicional de oración devocional del cristianismo y el catolicismo.

**Pagano(a):** persona no abrahámica, que posiblemente se adhiere a antiguas creencias espirituales y no es cristiana, judía ni musulmana.

**Piromancia:** adivinación mediante el uso del fuego.

**Presagio:** señal o suceso que se considera que tiene un significado profético; puede ser bueno o malo.

**Purificación:** limpieza, tanto espiritual como física.

**Ritual:** secuencia de actividades en las que puede haber determinados gestos, palabras o actos realizados para obtener claridad espiritual, para recibir un impulso mágico y para mantener la tradición.

***Sabbat:*** los días sagrados de los brujos y brujas. Hay ocho de ellos en la religión *wicca*; entre ellos, Beltane y Samhain.

**Sigilo:** símbolo inscrito o pintado con poder mágico.

**Talismán:** objeto, grabado o hecho a mano, que canaliza poderes y energías mágicas.

**Unción:** aplicación de aceite(s) a una vela.

***Veve/vevé:*** símbolos espirituales específicos asociados con los diferentes loas o espíritus del vudú.

**Vigilia:** un tiempo de observancia u observación devocional; suele hacer referencia a un hechizo o ritual que puede durar varias horas o más de un día.

**Wicca:** religión neopagana reconocida iniciada en la década de 1960 por el brujo británico Gerald Gardner.

**Yuyu:** práctica de África occidental consistente en incorporar objetos del tipo amuletos y talismanes en prácticas religiosas.

# RECURSOS

## SUMINISTROS

### Pan's Apothika (anteriormente, Panpipes)

*Esta es la primera tienda esotérica que visité en la infancia. En ella pueden encontrarse cientos de hierbas y aceites, y preparan herramientas asociadas a una determinada intención por encargo. Vicky, la propietaria y amiga mía, está especializada en las velas ungidas individualmente y metidas en un contenedor de vidrio (normalmente, las velas de siete días), que son herramientas excelentes para manifestar intenciones.*

PanPipes.com

+1 323-891-5936

### III Crows Crossroads

*Esta empresa, que ofrece elementos esenciales encantados para todos, fue fundada por dos de mis compañeras de la asamblea de brujos y brujas y combina la magia popular estadounidense y la magia de la brujería tradicional, del vudú y de la santería. Aquí encontrarás jabones, velas, aceites, kits de hechizos y muchos más objetos encantados para que puedas empezar a recorrer tu camino espiritual.*

@3crowscrossroads

etsy.com/shop/iiicrowscrossroads

### The Olde World Emporium

*Mi propia tienda física en Santa Clarita, donde pueden encontrarse una amplia variedad de cristales, piedras, libros y barajas* de tarot, y muchísimos otros artículos que satisfarán todas tus necesidades mágicas.

@theoldeworldemporium

OldeWorldEmporium.com

# PÓDCASTS

**Life's A Witch** [La vida es una bruja]
*Un pódcast que presento junto con mi amiga Ivy, en el que hablamos de nuestra vida diaria como brujo y bruja, de los obstáculos con los que nos enfrentamos, de hechizos y eventos culturales, y nos reímos mucho. Disponible en las principales plataformas de streaming.*

**The Witch and the Medium** [El brujo y la médium]
*Presento este pódcast junto con la famosa médium Adela Lavine. Hablamos de nuestras respectivas prácticas y de nuestros dones y creencias, y compartimos nuestras experiencias con lo sobrenatural y conocimientos sobre temas diversos cada semana.*

@thewitchandthemedium

TheWitchAndTheMedium.com

**Bigfoot Collectors Club** [Club de coleccionistas *Bigfoot*]
*Un pódcast sobre temas paranormales presentado por Michael McMillian y Bryce Johnson. En él se habla de la visión de fantasmas, cuestiones de folclore, anomalías históricas, lo oculto y sucesos muy raros.*

@bigfootcollectorsclub

# LIBROS

**The Voodoo Hoodoo Spellbook** [Libro de hechizos de vudú y judú], **de Denise Alvarado**
*Este libro es un recurso magnífico. Está repleto de historia, hechizos auténticos, fórmulas y más (todo ello en relación con el vudú que se practica en Nueva Orleans).*

**The Master Book of Herbalism** [El libro maestro de la herbología], **de Paul Beyerl**
*Este es probablemente el mejor libro sobre hierbas que podría tener cualquier persona que practique la magia. Ofrece información exhaustiva sobre hierbas, aceites, inciensos, elixires y usos mágicos.*

**Encyclopedia of Witchcraft** [Enciclopedia de brujería], **de Judika Illes**
*Esta es una obra imprescindible para todas las personas que practican la brujería y para aquellas que están interesadas en saber más sobre este ámbito. Aquí encontrarás información sobre las distintas deidades, herramientas y prácticas; también información histórica.*

**The Element Encyclopedia of Secret Signs and Symbols** [La enciclopedia de signos y símbolos secretos], **de Adele Nozedar**
*Un magnífico recurso para buscar símbolos que puedas ver en la cera, en los sueños, en las nubes, etc.*

**Mastering Witchcraft** [El dominio de la hechicería], **de Paul Huson**
*Uno de los primeros libros sobre brujería que leí que no estaba centrado en la religión wicca. Este libro trata más sobre la brujería tradicional y se enfoca más en la brujería como práctica. Es un recurso realmente maravilloso.*

# REFERENCIAS

Barrett, Francis (2008). *El mago (obra completa)*. Barcelona, España: Humanitas.

Blavatsky, H. P. y Michael Gomes (2009). *The Secret Doctrine: The Classic Work*, reducida y comentada. Nueva York, EUA: Jeremy P. Tarcher / Penguin.

Dell, Christopher (2021). *Ciencias ocultas, hechicería y magia: una historia ilustrada*. España: Blume.

Hennessey, Kathryn, editora (2020). *A History of Magic, Witchcraft, and the Occult*. Nueva York, EUA: Dorling Kindersley Publishing, Incorporated.

Hurst, Katherine. «Law of Attraction History: The Origins of The Law of Attraction Uncovered». TheLawOfAttraction.com. Consultado el 13 de mayo de 2021 en thelawofattraction.com/history-law-attraction-uncovered.

# ÍNDICE TEMÁTICO

3 a 4 de la madrugada  102
11:11  102
¡Puck, por Dios! (hechizo)  140

## A

Aceite de Brigid para la creatividad
    y la sanación  145
Aceites  75, 126, 180
Acuario  117
Adivinación  56, 184
Aerosol
    de encantamiento  128
    para atraer dinero  142
Afrodi-té (poción de amor)  150
Agua de venus  133
Agua (elemento)  105
Aire (elemento)  104
Almohadilla profética de Apolo
    157
Altares  68
Amanecer  101
Amarillo  108
Amor a uno mismo  36, 61
Amuletos  78
Animismo  72, 79, 127
Aries  113
Astrología  112
Atados mágicos para quemar  129
Autoaceptación  35
Autoconciencia  34
Autocuidado  36
Autodescubrimiento  37
Autoestima  99, 133, 138, 139, 179,
    196
Azul  109

## B

Bebida brujeril de manifestación
    mágica  147
Blanco (color)  111, 177

Blavatsky, H. P.  17, 191
Blindaje  54
Bolsa de encantamiento con cordón
    del diablo  162
Bolsa de encantamiento de poder
    elemental  132
Bolsas
    de encantamiento  76
    de hechizos  128
    Grisgrís  76
Bolsita de verbena druida  159
Botella de bruja  130
Brujería  7, 11, 14, 15, 16, 17, 18, 33,
    44, 45, 46, 54, 59, 65, 66, 68, 69,
    70, 74, 75, 79, 81, 83, 84, 89, 99,
    100, 105, 106, 119, 120, 124, 130,
    134, 155, 159, 163, 167, 168, 170,
    171, 185, 188, 190, 197, 198
Bucca  84

## C

Calendas de enero  100
Cáncer  114
Capricornio  117
Cartas oraculares  81, 95, 157
Centrarse  50
Ceridwen/Cerridwen  84
Ciclos lunares  182
Ciencia  27
Cinco (número)  120
Circe  84, 154
Claris  80
Colores  106
    de vela  177
Comunicación con los espíritus
    177, 178, 181
Cristales  92, 126
Crowley, Aleister  67
Cuatro (número)  119

# D

Deidades  11, 16, 17, 45, 56, 57, 60,
  68, 69, 82, 83, 92, 95, 99, 100, 104,
  105, 107, 108, 109, 110, 115, 116, 119,
  120, 127, 146, 163, 172, 178, 181, 190
  lunares  92
  mágicas  82
Delicioso pastel del diablo (hechizo)
  155
Después de la práctica  60
Día de Año Nuevo  100
Diana  83, 90, 92, 111, 149, 196
Diario de deseos y gratitud  21
Días de la semana  96, 97, 181
Diez (número)  120
Doce (número)  120
Doctrina secreta, La (Blavatsky)  17
Domingo  99
Dominio de la hechicería, El (Hu-
  son)  81, 86, 190
Dos (número)  119

# E

Element Encyclopedia of Secret
  Signs and Symbols, The (Nozedar)  78, 190
Elementos  102
  necesarios  124
  recomendables  126
Encyclopedia of Spirits (Illes)  82
Energía  13, 14, 18, 19, 24, 26, 45, 50,
  51, 52, 53, 57, 59, 60, 67, 70, 73, 74,
  86, 93, 94, 96, 97, 99, 101, 102, 103,
  104, 105, 106, 107, 108, 109, 110,
  111, 113, 114, 115, 116, 117, 127, 130,
  133, 134, 136, 167, 168, 170, 177,
  178, 180, 181, 182
Enraizarse  52
Equinoccio de otoño  100
Esbats  90
Escalera de bruja  130
Escorpio  116
Escribirse cartas desde el propio yo
  futuro  24
Estaciones  93

# F

Fases de la Luna  90
Festividades  99
Fetiches  79
Folclore  11, 18, 78, 108, 140, 155, 189
Fuego  104

# G

Gardner, Gerald  14, 187
Géminis  114
Gratitud  21
Grimorios  131

# H

Hécate/Hékate  83
Hechizos
  Aceite de Brigid para la creativi-
    dad y la sanación  145
  Aerosol para atraer dinero  142
  Afrodi-té  150
  Agua de venus  133
  Almohadilla profética de Apolo
    157
  Bebida brujeril de manifestación
    mágica  147
  Bolsa de encantamiento con
    cordón del diablo  162
  Bolsa de encantamiento de poder
    elemental  132
  Bolsita de verbena druida  159
  Delicioso pastel del diablo  155
  Hechizo de amor de los nueve
    nudos  136
  Hechizo de traba «hola, monigo-
    te»  151
  Hechizo para el liderazgo «la
    dama del lago»  143
  Hechizo para la autoestima  138
  Imán de verbena para manifes-
    tar  134
  Llave de esqueleto de Hécate  163
  Loción lunar de Diana  149
  Pedirle un deseo a una estrella
    160
  ¡Puck, por Dios!  140

Ritual de Júpiter para manifestar algo material 153
Hechizos y rituales a medida 127
Heka 84
Hierbas 93, 178
Hora de las brujas 101, 102, 172
Horticultura 20
Huson, Paul 81, 86, 190

## I

Illes, Judika 82, 190
Imán de verbena para manifestar (bolsita de encantamiento) 134
Intenciones 48
Intuición 56, 62, 81, 97, 120, 158, 170, 183
Invierno 94
solsticio de 100
Isis/Auset 83

## J

Jueves 98

## L

Leo 115
Ley de la atracción 24
Libra 116
Libro de sombras 171
Limpieza 70
Llave de esqueleto de Hécate (objeto mágico) 163
Llevar un diario 20, 21
Loción lunar de Diana 149
Longitud de onda 19
Luna
creciente 91
llena 92
menguante 92
nueva 91
oscura 92
Lunes 97

## M

Mabon 100
Magia
alta 44

baja 44, 59, 69
con velas 69
simpática 19, 79, 171
Manifestación 20
Marrón (color) 110
Martes 98
Medianoche 101
Mediodía 101
Meditación 71
Miércoles 98
Momento del día 172
Monigotes 79

## N

Naranja (color) 107
Negro (color) 110
Noche de San Juan 100
Noche de Walpurgis 100
Nostradamus 49
Nozedar, Adele 78, 190
Nueve (número) 120
Números 118
angélicos 73, 101

## O

Ocaso 101
Ocho (número) 120
Once (número) 120
Otoño 95

## P

Pasífae 84
Pedirle un deseo a una estrella (hechizo) 160
Piedras 92, 182
Piscis 118
Primavera 94
Protección 128
Psicología 26
Púrpura (color) 109

## Q

Quererse a uno mismo 35

## R

Reprogramación nocturna 23

Ritual de Júpiter para manifestar algo material 153
Rituales 58
Rojo (color) 107
Rosa (color) 109

## S

Sábado 99
Sagitario 117
Sal 70, 71, 76, 94, 102, 103, 124, 125, 130, 132, 152, 159
Samhain 95, 101, 186
Seis (número) 120
Sesgo de negatividad 27
Siete (número) 120
Sigilos 67
Símbolos 67, 68, 78, 79, 172, 185, 186, 190
Smith, Pamela Colman 85
Sustancias vegetales 75
Sustituciones 170

## T

Tablas de correspondencias 177
Tableros de visión 20
Talismanes 78
Tarot 84
Tarros dulces 77
Tauro 113
Thot 83, 90, 92
Tierra 103
Trabajo
con los espíritus 72
en la sombra 24
psíquico 80

Tradición 10, 18, 43, 44, 58, 59, 82, 93, 99, 100, 186
Trece (número) 120
Tres (número) 119
Troward, Thomas 17

## U

Uno (número) 119

## V

Valiente, Doreen 13
Verano 96
Verde (color) 108
Vibraciones 10, 71, 106, 108, 109, 110, 113, 117, 118, 120, 124, 128, 129, 138, 140, 147, 157
Viernes 99
Virgo 115
Víspera de Mayo 100
Visualización 22

## W

Waite, A. E. 85
Walpurgis, noche de 100
Wicca 14, 15, 32, 45, 91, 100, 168, 171, 186, 190

## Y

Yule 100

## Z

Zodíaco 112

# ÍNDICE DE HECHIZOS Y RITUALES

## A

Aceite de Brigid para la creatividad y la sanación, 145
Aerosol para atraer dinero, 142
Afrodi-té, 150
Agua de Venus, 133
Almohadilla profética de Apolo, 157

## B

Bebida brujeril de manifestación mágica, 147
Bolsa de encantamiento con cordón del diablo, 162
Bolsa de encantamiento de poder elemental, 132
Bolsita de verbena druida, 159

## D

Delicioso pastel del diablo, 155

## H

Hechizo de amor de los nueve nudos, 136
Hechizo de traba «hola, monigote», 151
Hechizo para el liderazgo «la dama del lago», 143
Hechizo para la autoestima, 138

## I

Imán de verbena para manifestar, 134

## L

Llave de esqueleto de Hécate, 163
Loción lunar de Diana, 149

## P

Pedirle un deseo a una estrella, 160
¡Puck, por Dios!, 140

## R

Ritual de Júpiter para manifestar algo material, 153

# Agradecimientos

Quiero dar las gracias a Ashley Popp, Sean Newcott y Rockridge Press por la oportunidad de escribir un segundo libro.

También quiero dar las gracias:

A mis padres, Steven e Ingrid; a mi hermano Al y a mi abuela, Mom-Cat (también conocida como Lillian). Todos ellos me apoyaron cuando me interesé por la brujería.

A Lana, Leah y Brenna, que me acogieron como a un pariente, además de que me dejaron lanzar cartas y hechizos para ellas.

A Joel Castillo, el querido amigo que me puso en el camino que me llevó a ser un brujo profesional.

A Heather, Morgan y Steve, que me ofrecen su amabilidad y apoyo todo el tiempo.

A Ivy Hedge, quien me ayudó a escribir este libro cuando me rompí un dedo; no le importó mi lloriqueo.

A Cyndi, Jess, Vicky de Panpipes, Nyt Myst, Bloody Mary, Adela Lavine y mis muchas otras mentoras y amigas en el terreno de la magia,* y, por supuesto, a mis antepasados y espíritus. Os estoy muy agradecido.

---

* N. del T.: Se ha optado por el femenino porque todas las personas enumeradas en esta pequeña lista son mujeres. Como el género no es discernible en el original, también pudo haber habido «mentores y amigos».

# Sobre el autor

 **Mystic Dylan** también es el autor de *Cand-le Magic for Beginners: Spells for Prosperi-ty, Love, Abundance, and More* [Magia con velas para principiantes: hechizos para la prosperidad, el amor, la abundancia y más]. Su amor por el conocimiento lo lle-vó a estudiar y explorar el arte de la brujería tradicional y a dedicarse a él.

Lleva más de diez años trabajando profesionalmente como brujo y asesor espiritual. Actualmente vive en Los Án-geles (California), donde imparte clases y es dueño de su pro-pia tienda, The Olde World Emporium.